会计岗位项目化系列教材之七

丁一琳　陆　平◎主　编

收入与费用核算

- 目标定位明确。适合中小企业会计人才培养，同时考虑了中高职衔接的需要。
- 校企合作编写。本套教材由学校骨干教师与行业企业一线专家共同研编而成，是校企合作的成果。
- 内容基于岗位。教材内容基于相应岗位的典型工作任务，体现任务驱动、项目导向，同时融合了相关职业资格证书对会计工作知识、技能和态度的要求。
- 形式体现“学、做一体”。用真实的会计凭证、账表反映典型工作任务，并将实际操作过程及操作方法以“学、做一体”形式体现，使理论和实践充分融合。

中国经济出版社
CHINA ECONOMIC PUBLISHING HOUSE
北　京

图书在版编目(CIP)数据

收入与费用核算/丁一琳,陆平主编.
—北京:中国经济出版社,2013.2
会计岗位项目化系列教材
ISBN 978-7-5136-0561-8

Ⅰ.①收… Ⅱ.①丁…②陆… Ⅲ.①企业—会计—高等学校:
职业技术学校—教材 Ⅳ.①F275.2

中国版本图书馆CIP数据核字(2011)第009556号

责任编辑 张潇匀
责任审读 霍宏涛
责任印制 马小宾
封面设计 白朝文

出版发行 中国经济出版社
印 刷 者 北京九州迅驰传媒文化有限公司
经 销 者 各地新华书店
开　　本 787mm×1092mm 1/16
印　　张 7
字　　数 150千字
版　　次 2013年8月第2版
印　　次 2017年8月第4次
书　　号 ISBN 978-7-5136-0561-8/G·1512
定　　价 22.00元

中国经济出版社 **网址** www.economyph.com **社址** 北京市西城区百万庄北街3号 **邮编** 100037
本版图书如存在印装质量问题,请与本社发行中心联系调换(联系电话:010－68319116)

出版说明

《教育部关于推进高等职业教育改革创新引领职业教育科学发展的若干意见》（教职成〔2011〕12号）明确提出："要与行业（企业）共同制定专业人才培养方案，实现专业与行业（企业）岗位对接；推行"双证书"制度，实现专业课程内容与职业标准对接，引入企业新技术、新工艺，校企合作共同开发专业课程和教学资源；继续推行任务驱动、项目导向等学做一体的教学模式，将学校的教学过程和企业的生产过程紧密结合，校企共同完成教学任务，突出人才培养的针对性、灵活性和开放性。"

按照教育部相关文件要求，结合区域经济发展需要，充分体现"学校与企业在人才培养目标、培养方案的制定上相结合、学习内容与岗位要求相结合、理论学习与实践操作相结合、学生角色与员工角色相结合"的理念，我们组织编写了本套会计岗位系列化教材。

通过校企合作，由校内教师与行业、企业会计行家共同进行课程、教材研发。通过岗位职业能力分析，界定岗位知识范围和岗位技能要求，构建岗位课程体系，确定了会计岗位的核心课程：出纳业务核算、往来业务核算、财产物资核算、产品成本核算、投资与融资核算、纳税核算与申报、收入与费用核算、财务报告编制与分析。在研编了课程标准和课程项目设计方案基础上，组织校内外骨干教师和行业、企业会计行家研发了8门基于会计工作岗位的项目化系列教材。本套教材以岗位需求为起点，以岗位能力培养为核心，教材内容从学科型模式到岗位型项目化模式的转换，提高了课程的针对性、实践性、有效性，实现教学过程的职业性和开放性、课堂教学与实习实训一体化，着力培养学生的实践能力、创造能力、就业能力和创业能力。

本系列教材是基于会计工作岗位而编写的项目化教材，与学科体系下的教材相比，其主要特点如下：

1. 目标定位明确。高职会计专业主要培养适合中小企业需要的会计人才，本教材突出了这一人才培养目标，同时考虑了中高职衔接的需要。

2. 校企合作编写。本教材是在充分调研的基础上，由学校骨干教师与行业企业一线专家共同研编而成，是校企合作的结果。

3. 内容基于岗位。教材内容的编写基于每个岗位的典型工作任务所需知识和技能，体现任务驱动、项目导向。教材内容的选取上突出了不同会计岗位的核算素能培养。同时，教材融合了相关职业资格证书对会计工作知识、技能和态度的要求，体现了教材的职业性、实践性和开放性。

4. 形式体现“学、做一体”。在编写形式上力求具体化、实用化，用真实的会计凭证、账表反映典型工作任务，并将实际操作过程及操作方法以“学、做一体”形式体现，使理论和实践充分融合。

本套教材在编写体例上，突出任务驱动、项目导向，以解决实际问题为主线，按项目设置教材纲目，按任务完成具体教学内容，在注重理论知识学习的情况下，同时注重培养学生的实际操作能力，使“教、学、做”能够有机地结合起来。具体体例如下：

【知识准备】与本次课相关的复习性知识。

【知识导入】涉及本次课所学会计技能的新的知识，能嵌入的知识采用嵌入式来呈现。

【范例任务】是通过列举典型的会计实务案例，来解决实际问题。案例可根据情况列举多个，目的是起到引导、示范的作用。

【业务流程】用来描述某项业务来龙去脉、业务结点、职责分工等的流程图，可按模块也可按业务项目呈现，目的是直观地体现业务关系与具体操作过程，以图示来体现。

【业务操作】是范例任务的按步骤的具体完成过程。

【业务指导】是相关任务完成过程中的各种要求和规范，是嵌入式的知识体现。

【活动任务】是在学习了范例任务后，给学生设计的任务，学生通过解决实际问题，进一步加深对理论知识的理解，提高实际操作能力。

【业务精要】是操作要点和关键点的总结。

【知识拓展】是相关知识、方法的延伸或展开，旨在进一步拓展知识面，发挥学生自主学习能力，为其未来职业发展奠定基础。

【业务训练】是学生课后完成的项目，达到巩固提高的目的。

本教材既适合于普通高职高专财务会计类专业使用，也适合中高职衔接院校相关专业使用，同时还可以作为会计人员继续教育岗位培训用书。

由于本套会计岗位项目化系列教材在高职院校尚属首创，诚挚希望广大师生提出宝贵意见，以便于我们进一步修改，逐步改进和完善其内容、结构，提高岗位教材的质量。

会计岗位项目化系列教材编委会

2013 年 8 月

前　言

现代会计是一个公共信息资源和国际通用的商业语言。同时，它作为一种企业管理活动，又是公司治理的重要组成部分。任何企业的管理层受托责任的履行情况及报告使用者作出经济决策都离不开反映财务成果的信息。因此财务成果核算是企业会计岗位最为重要和基本的能力，本课程在会计专业中处于非常重要的地位，应当作为专业核心课程和必修课程。

本课程作为高职高专会计专业的专业核心课程，课程目标是讲授持续经营条件下引起财务报表要素中收入、费用、利润等要素变动的主要交易或事项（包括收入和费用的发生、利润的形成与分配等）的会计处理，让学生能熟练掌握收入、费用、利润等主要业务的核算。本课程的先导课程为《会计基础》，后续课程为《企业财务管理》、《审计》等财务信息利用、分析与鉴证类课程。

涉及企业财务成果的会计业务主要分为收入的发生、费用的发生、利润形成及分配三大类。所以，本教材以财务报告中财务成果信息披露为中心，按财务报表要素的核算设置课程内容。本课程内容确定了以下三个项目（共 7 个工作任务）：收入核算、费用核算、利润核算。在这些项目中，收入项目是以工商企业日常发生的商品销售收入、提供劳务收入、让渡资产使用权收入三类收入为线索，展开相关会计核算；费用项目是以工商企业日常发生的三种期间费用业务为线索，展开相关会计核算；利润项目是以按照企业期末的收支结转形成利润并对净利进行分配的业务流程为线索，展开相关会计核算。

本课程的内容涵盖了企业会计实务中涉及经营业绩（财务成果）的大部分内容和主要过程。通过本课程的学习，学生能熟悉工商企业典型的收入、费用、利润的主要会计业务核算，能理解收入、费用、利润的确认和计量，具备从事企业收入、费用、利润等岗位的核算能力，符合直接上岗的要求。在训练学生会计核算能力的同时，培养学生具有谨慎、细致、负责的职业习惯，主动适应财会工作的职业要求。

《收入与费用核算》由无锡商业职业技术学院丁一琳、周士平、钱玲与无锡商业大厦大东方股份有限公司财务部副部长陆平合作编写而成。丁一琳、陆平任主编，负责拟定全书的编写提纲，对全书进行总体设计、修改总纂。具体分工如下：项目一、项目二、项目三由丁一琳负责编写，项目四、项目五、项目六由钱玲负责编写，项目七、项目八由周士平负责编写，陆平负责统稿。在教材编写过程中，得到了学院领导、相关职能部门和企事业单位有关人士的大力支持和帮助，在此一并表示谢意。

本教材是无锡商业职业技术学院会计金融学院广大教师在省级示范专业建设方面的成果。尽管编者在教材的特色建设方面作出了许多努力，由于会计岗位课程体系是新构建的，在这种新型课程体系下开发的会计岗位教材在高职院校也是首创，所以难免存在一些缺点和错误。希望读者提出宝贵意见，以便于我们修订时进一步完善，提高岗位教材的质量。

编　者

2013 年 8 月

岗位介绍

岗位描述：

收入与费用核算岗位是企业会计核算的重要岗位。企业会计的主要任务是向企业外部利益相关者提供财务报告，履行企业管理层的受托责任。任何企业的管理层受托责任的履行情况及报告使用者作出经济决策都离不开反映收入费用和财务成果的信息。收入与费用核算岗位是核算企业取得收入、发生各项费用以及形成并分配财务成果等业务的岗位，要求企业会计人员对本企业取得的商品销售收入、提供劳务收入和让渡资产使用权收入等各项收入及发生的各项期间费用进行确认、计量和记录，并根据收入和费用要素核算利润。规模较大的企业一般分设收入核算岗位、费用核算岗位和利润核算岗位，小企业可由总账会计兼任。

岗位特点：

（1）政策性。企业收入与费用核算岗位的工作人员要熟悉《企业会计准则》中有关收入、费用确认、计量的内容，依据准则进行会计处理。

（2）综合性。对于收入与费用核算岗位业务的会计处理，不仅要熟知收入费用业务的核算，还会涉及企业应收账款收回管理、期间费用使用管理等业务，需要对各类业务知识融会贯通。

岗位职责：

（1）能熟悉企业销售业务、费用报支业务管理系统。

（2）能正确的识别、填写收入、费用等业务的各种票据。

（3）能正确及时确认商品销售收入、劳务收入、资产使用权收入及期间费用。

（4）能掌握各类收入的计量方法，正确的计量各类收入和年度利润并进行利润分配。

（5）能根据收入、费用、利润等业务单据编制记账凭证。

（6）能根据记账凭证登记各类账簿。

岗位素质：

该岗位人员应具备以下业务能力：

（1）熟悉会计基本理论和会计基础知识，熟知企业采用的会计核算程序。

（2）熟悉《企业会计准则》中有关收入、费用确认、计量的内容。

（3）能正确核算商品销售收入。

（4）能正确核算劳务收入。

（5）能正确核算资产使用权收入。

（6）能正确核算期间费用。

（7）能正确核算利润的形成及分配。

在具备上述业务能力的同时，还应具有谨慎、细致、负责的职业习惯，团结协作、善于沟通的工作能力，能主动适应会计准则国际趋同背景下财会工作的职业要求。

目　录

项目一　商品销售收入核算 …… 1

模块一　销售商品并收回款项方式下商品销售核算 …… 3

模块二　赊销方式下商品销售业务核算 …… 10

模块三　商品销售收入核算的基本知识 …… 17

项目二　提供劳务收入核算 …… 31

模块一　提供劳务收入核算的业务操作 …… 32

模块二　劳务收入确认与计量知识 …… 39

项目三　让渡资产使用权收入核算 …… 52

模块一　让渡资产使用权收入核算的业务操作 …… 53

模块二　让渡资产使用权收入确认与计量知识 …… 57

项目四　销售费用核算 …… 60

模块一　熟练辨别销售费用内容 …… 62

模块二　销售费用账务处理 …… 64

项目五　管理费用核算 …… 68

模块一　熟练辨别管理费用内容 …… 69

模块二　管理费用账务处理 …… 72

项目六　财务费用核算 …… 77

模块一　熟练辨别财务费用内容 …… 78

模块二　财务费用账务处理 …… 80

项目七　利润形成与分配核算 …… 85

模块一　利润形成的核算 …… 87

模块二　利润分配的核算 …… 97

项目一　商品销售收入核算

从经济学角度来看，根据企业资金运动过程及其循环周转的特点，企业在筹资、投资之后，应积极组织资金的回收。收入是企业资金回收的主要方式，是企业现金流入的主要来源，是补偿成本费用、形成利润的有效保障，是企业再生产顺利进行的必要条件。如企业不能及时足额完成资金回收工作，其资金运行将中断，会给企业持续发展带来重大影响。就工商企业来说，销售商品是其主营业务，应否和何时确认在销售商品中形成的收入对企业的财务状况和经营业绩有很大的影响。

项目 目标与要求

最终目标：

- 能熟练核算商品销售业务

促成目标：

- 熟悉企业商品销售的操作流程、管理系统
- 熟悉关于商品销售收入确认、计量的相关知识
- 正确核算销售商品并收回款项方式下商品销售业务
- 正确核算赊销方式下商品销售业务
- 正确核算其他销售方式下商品销售业务

项目 工作任务

- 核算销售商品并收回款项方式下商品销售业务
- 核算赊销方式下商品销售业务
- 核算其他销售方式下商品销售业务

项目 任务书

<table>
<tr><th>项目模块</th><th colspan="2">工作任务</th><th>课 时</th></tr>
<tr><td rowspan="5">模块 1
销售商品并收回款项方式下商品销售业务的核算</td><td>任务 1</td><td>填写产品销售清单，开具增值税专用发票</td><td>1</td></tr>
<tr><td>任务 2</td><td>填写进账单</td><td>1</td></tr>
<tr><td>任务 3</td><td>填制销售记账凭证，填制结转成本记账凭证</td><td>2</td></tr>
<tr><td>任务 4</td><td>审核记账凭证</td><td>1</td></tr>
<tr><td>任务 5</td><td>根据审核后的记账凭证登账</td><td>1</td></tr>
<tr><td rowspan="5">模块 2
赊销方式下商品销售业务的核算</td><td>任务 1</td><td>填写销售清单，开具增值税专用发票并代垫运费</td><td>1</td></tr>
<tr><td>任务 2</td><td>持有关单据至银行，办妥托收手续</td><td>1</td></tr>
<tr><td>任务 3</td><td>编制记账凭证</td><td>1</td></tr>
<tr><td>任务 4</td><td>审核记账凭证</td><td>0.5</td></tr>
<tr><td>任务 5</td><td>根据审核后的记账凭证登账</td><td>0.5</td></tr>
<tr><td rowspan="4">模块 3
商品销售收入核算的基本知识</td><td>任务 1</td><td>商品销售收入的确认条件</td><td>1</td></tr>
<tr><td>任务 2</td><td>商品销售收入的计量</td><td>1</td></tr>
<tr><td>任务 3</td><td>商品销售收入设置的主要账户</td><td>1</td></tr>
<tr><td>任务 4</td><td>销售商品收入涉及商业折扣、现金折扣、销售折让的处理</td><td>4</td></tr>
</table>

模块一　销售商品并收回款项方式下商品销售业务核算

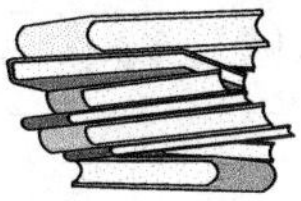

学习目标

1. 熟悉企业商品销售的业务流程
2. 熟悉销售商品并收回款项方式下涉及的原始凭证
3. 正确核算销售商品并收回款项方式下需编制的记账凭证
4. 正确核算销售商品并收回款项方式下需登记的账簿

工作任务

1. 辨别销售商品并收回款项方式下涉及的原始凭证
2. 编制销售商品并收回款项方式下的记账凭证
3. 登记有关的账簿

【知识导入】

什么是经济业务中的收入

根据《企业会计准则14号——收入》的规定，收入是指企业在日常活动中形成的、会导致所有者权益增加的、与所有者投入资本无关的经济利益的总流入，包括商品销售收入、劳务收入、利息收入、使用费收入、租金收入、股利收入等，但不包括为第三方或客户代收的款项。

准确把握企业会计准则中有关收入内容规定，对企业损益准确核算有着重要意义。

【范例任务】

2012年6月2日，武汉东华办公设备公司向江苏鸿发有限责任公司销售惠普LaserJet 1020型打印机150台，佳能PIXMAip4300型打印机120台，货款345,600元，税款58752元，开具增值税专用发票。商品已发出，价税款收到支票1张404,352元，已送存银行。

【业务流程】

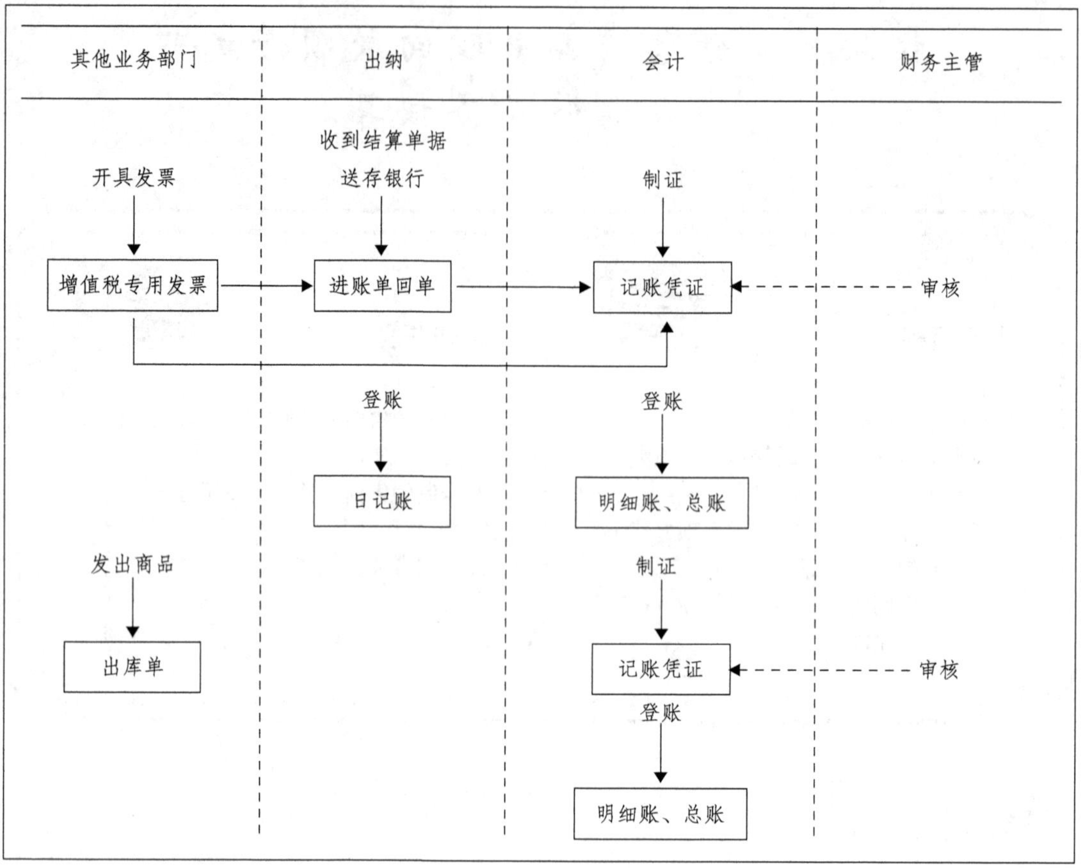

商品销售收入业务流程图

【业务操作】

任务1：业务部门填写产品销售清单（见图1—1），开具增值税专用发票（见图1—2）。

要求：能熟练填写产品销售清单、增值税专用发票。

产品销售清单

购货单位:江苏鸿发有限责任公司　　　　2012年6月2日

产品编号	品牌	型号	数 量	单 价	金 额
07H001	惠普	LaserJet1020	150台	1,400.00	210,000.00
07J002	佳能	PIXMAip4300	120台	1,130.00	135,600.00
	合计				345,600.00

图1—1　产品销售清单

湖北增值税专用发票

此联不作报销、扣款凭证使用

开票日期：2012年6月2日

购货单位	名　　称：江苏鸿发有限责任公司 纳税人识别号：320113501806238 地 址、电 话：南京市中山北路18号89762378 开户行及账号：工行玄武支行4301017961277854678	密码区	47373-3-387<1+78*767 354566> <6789*56*08712 < 4 <4 *347765-9> 8*+223/<10 *56/4>* >7-23*8/4/23> > 45

货物或应税劳务名称	规格型号	单位	数量	价单	金额	税率	税额
惠普打印机	LaserJet1020	台	150	1400.00	210000.00	17%	35700.00
佳能打印机	PIXMAip4300	台	120	1130.00	135600.00	17%	23052.00
合　计（大写）	肆拾万零肆仟叁佰伍拾贰元整				（小写）404352.00		

销货单位	名　　称：武汉东华办公设备公司 纳税人识别号：460104732154687 地 址、电 话：武汉市紫金东路82号89666333 开户行及账号：建行紫金支行42001868005461236988	备注	

收款人：　　　复核：　　　开票人：杨华　　　销货单位：(章)

第一联 记账联 销货方记账凭证

图 1－2

任务 2：填写进账单，将收到的结算单据送存银行，将进账单回单联（见图 1—3）带回。

要求：能熟练办理银行进帐收款业务。

转账进账单（回单或收账通知）　1

2012年　6 月 2 日　　　　第　　号

签发人	全　称	江苏鸿发有限责任公司	收款人	全　称	武汉东华办公设备公司
	账　号	4301017961277854678		账　号	42001868005461236988
	开户银行	工行玄武支行		开户银行	建行紫金支行行号

人民币（大写）	肆拾万零肆仟叁佰伍拾贰元整	千	百	十	万	千	百	十	元	角	分
			¥	4	0	4	3	5	2	0	0
票据种类	转账支票										
票据张数	1张										

中国建设银行武汉支行　2012年6月2日　办讫章

单位主管　　会计　　复核　　记账　　　　出票人开户行盖章

图 1－3

任务 3：（1）将增值税专用发票“记账联”和进账单“回单联”传给会计，填制销售记账凭证（见图 1—4）。

要求：能正确填制销售业务记账凭证。

会计分录：

借：银行存款　　　　404,352

　　贷：主营业务收入——打印机　　　　345,600

　　　　应交税费——应交增值税（销项税额）　　　　58,752

记 账 凭 证

2012年 6月2日　　　　顺序号第3号

摘要	总账科目	明细科目	√	借方（千百十万千百十元角分）	贷方（千百十万千百十元角分）
销售打印机	银行存款			40435200	
	主营业务收入	打印机			34560000
	应交税费	应交增值税（销项）			5875200
合　计				¥40435200	¥40435200

附件2张

会计主管　　　　记账　　　　稽核　　　　填制 王丽

图 1—4

（2）将出库单（见图 1—5）传给会计，填制结转成本记账凭证（见图 1—6）。

会计分录：

借：主营业务成本——打印机　　　　263,100

　　贷：库存商品——打印机——惠普 *LaserJet1020*　　　　161,100

　　　　　　　　　　　　　——佳能 *PIXMAip4300*　　　　102,000

出 库 单

发货仓库：1#仓库　　　　第 1 号

提货单位：江苏鸿发有限责任公司　　　　2012 年 6 月 2 日

类别	编号	名称型号	单位	应发数量	实发数量	单位成本	金　额
打印机	07H001	惠普LaserJet 1020	台	150	150	1074	161100
打印机	07J002	佳能PIXMAip4300	台	120	120	850	102000
合　计							263100

第三联 财务记账

负责人　　　　经发：张亮　　　　保管：罗前　　　　填单：李奇

图 1—5

记　账　凭　证

2012 年　6　月　2　日　　　　顺序号第 4 号

摘要	总账科目	明细科目	√	借方（千百十万千百十元角分）	贷方（千百十万千百十元角分）
结转已销	主营业务成本	打印机		26310000	
打印机成本	库存商品	惠普laserJep1020			16110000
		佳能PLXMAip4300			10200000
合		计		￥26310000	￥26310000

附件 1 张

会计主管　　记账　　稽核　　填制 王丽

图 1—6

任务 4：将记账凭证提交会计主管稽核，审核后会计主管签章（见图 1—7、图 1—8），据以记账。

要求：能正确审核销售业务记账凭证。

记　账　凭　证

2012年　6　月　2　日　　　　顺序号第3号

摘要	总账科目	明细科目	√	借方（千百十万千百十元角分）	贷方（千百十万千百十元角分）
销售打印机	银行存款			40435200	
	主营业务收入	打印机			34560000
	应交税费	应交增值税（销项）			5875200
合		计		￥40435200	￥40435200

附件 2 张

会计主管　　记账　　稽核 周正　　填制 王丽

图 1—7

记　账　凭　证

2012 年　6　月　2　日　　　　顺序号第 4 号

摘要	总账科目	明细科目	√	借方（千百十万千百十元角分）	贷方（千百十万千百十元角分）
结转已销	主营业务成本	打印机		26310000	
打印机成本	库存商品	惠普laserJep1020			16110000
		佳能PLXMAip4300			10200000
合		计		￥26310000	￥26310000

附件 1 张

会计主管　　记账　　稽核 周正　　填制 王丽

图 1—8

任务 5：将审核无误后的记账凭证交给会计、出纳登账。

要求：能正确登记各种账簿。

（1）登记主营业务收入明细账（见图 1—9）。

主营业务收入明细账

2012年		凭证		摘要	打印机										传真机										考勤机										余额										√
月	日	种类	号数		千	百	十	万	千	百	十	元	角	分	千	百	十	万	千	百	十	元	角	分	千	百	十	万	千	百	十	元	角	分	千	百	十	万	千	百	十	元	角	分	
6	2	记	3	销售			4	5	6	0	0	0	0	3																							3	4	5	6	0	0	0	0	

图 1—9

（2）登记主营业务成本明细账（见图 1—10）。

主营业务收入明细账

2012年		凭证		摘要	打印机										传真机										考勤机										余额										√
月	日	种类	号数		千	百	十	万	千	百	十	元	角	分	千	百	十	万	千	百	十	元	角	分	千	百	十	万	千	百	十	元	角	分	千	百	十	万	千	百	十	元	角	分	
6	2	记	4	结转成本			2	6	3	1	0	0	0	0																							2	6	3	1	0	0	0	0	

图 1—10

【活动任务】

2012 年 11 月，远大公司向东方制衣厂销售办公用品一批，开出的增值税专用发票上注明售价 30000 元，增值税税额 5100 元。远大公司收到东方制衣厂开出的支票，支票已送存银行，同时将提货单交东方制衣厂。该批商品成本为 24000 元。

要求：完成远大公司上述经济业务的会计处理。

借：银行存款　　35,100

　　贷：主营业务收入　　30,000

　　　　应交税费——应交增值税（销项税额）　　5,100

借：主营业务成本　　24,000

　　贷：库存商品　　24,000

【业务精要】

在交款提货方式下销售商品，通常应在开出发票账单或收到货款时确认收入。

模块二　赊销方式下商品销售业务核算

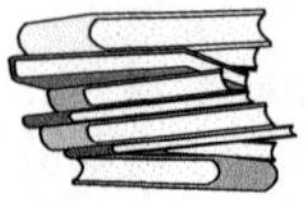

学习目标

1. 熟悉企业商品销售的业务流程
2. 熟悉赊销方式下涉及的原始凭证
3. 掌握赊销方式下需编制的记账凭证
4. 掌握赊销方式下需登记的账簿

工作任务

1. 辨别赊销方式下涉及的原始凭证
2. 编制赊销方式涉及的记账凭证
3. 登记有关的账簿

【知识导入】

一、什么是企业商品销售的赊销方式

赊销是信用销售的俗称，即赊销是以信用为基础的销售，指卖方与买方签订购货协议后，卖方让买方取走货物，而买方按照协议在规定日期付款或以分期付款形式付清货款的过程。赊销对于卖方的目的与功能主要有：能够刺激购买力；能够提高卖方的竞争力；能够起到稳定客户的作用；能够减少企业的库存。

二、赊销方式下企业商品销售的会计处理有何不同

赊销方式下销售商品，满足商品销售收入确认条件的要确认商品销售收入并结转相应成本。但销售商品业务并未使企业货币资金增加，而是增加了一项债权。

【范例任务】

2012 年 6 月 12 日，武汉东华办公设备公司向无锡远扬有限责任公司销售佳能 FAX—120 型传真机 80 台，货款 198,400 元，税款 33,728 元，开具增值税专用发票。商品已发出并代垫运费 600 元，价税款及代垫运费 232,728 元，已办妥托收手续。

【业务流程】

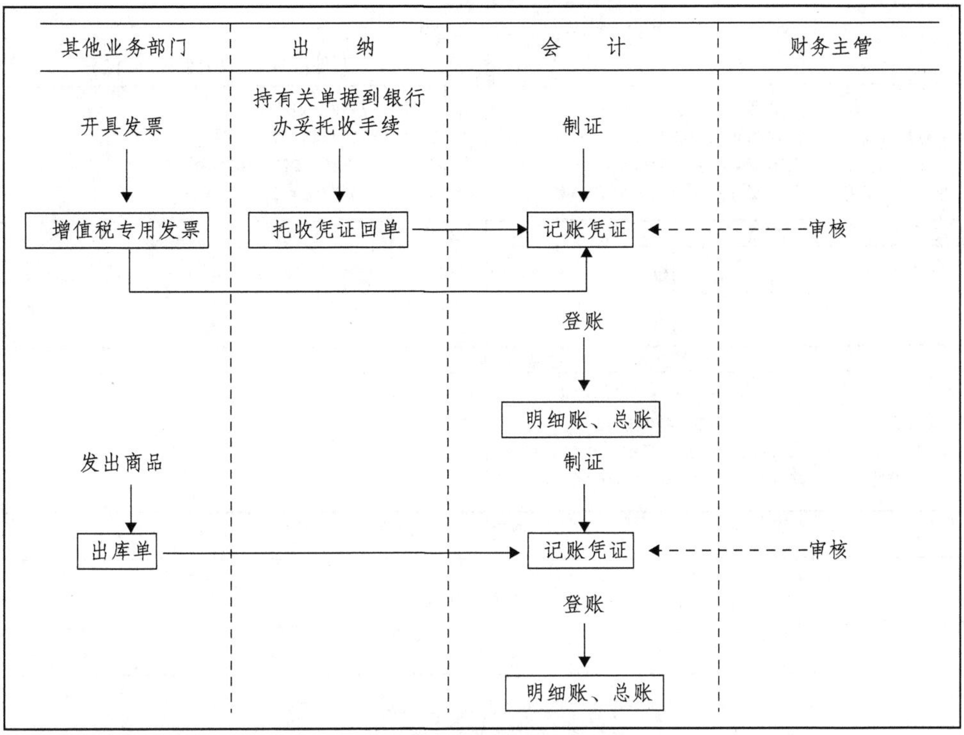

商品出售业务的流程图

【业务操作】

任务1：业务部门填写产品销售清单（见图1—11），开具增值税专用发票（见图1—12），现金代垫运费，取得运费发票（图1—13）。

要求：能熟练填写产品销售清单、增值税专用发票，办理代垫运费业务。

产品销售清单

购货单位：扬有限责任公司无锡远　　　　2012年6月12日

产品编号	品牌	型号	数量	单价	金额
07F003	佳能	FAX-L120	80台	2,480.00	198,400.00
	合计		80台		198,400.00

图1—11

湖北增值税专用发票

此联不作报销、扣款凭证使用

（印章：全国统一发票监制 湖北 国家税务总局监制）

开票日期： 2012年6月12日

购货单位	名　　称：无锡远扬有限责任公司 纳税人识别号：320273501826288 地 址、电 话：无锡市梁溪路168号85700399 开户行及账号：工行湖滨支行1103024605236585678	密码区	28*76747398-3-387<1+ 0*56*08712354566> <678 < 4 <4 *347765+223/<1065-9> 8* *56/4>* >7-23*8/4/23> >45

货物或应税劳务名称	规格型号	单 位	数 量	单 价	金 额	税率	税 额
佳能传真机	FAX-L120	台	80	2480.00	198400.00	17%	33728.00
合 计（大写）	贰拾叁万贰仟壹佰贰拾捌元整				（小写）232128.00		

销货单位	名　　称：武汉东华办公设备公司 纳税人识别号：460104732154687 地 址、电 话：武汉市紫金东路82号89666333 开户行及账号：建行紫金支行42001868005461236988	备注	

收款人：　　复核：　　开票人：杨华　　销货单位：(章)

第一联 记账联 销货方记账凭证

图 1－12

全国联运行业货运统一发票

（印章：全国统一发票监制章 湖北省 地方税务局监制）

发票联

发票代码 460157894124

发票号码 08934175

开票日期 2012年6月12日

机打代码	5799217964664646	密码区	124587478/>+<1248<-< 加密版本:01
机打号码	3487517969641354		*+--457-</148<-22-45 3844216972
机器编号	147213		*-3-65>879458136845<7+0 14785412

发货人名称	武汉东华办公设备公司	运输费用 项目及金额	其它费用 项目及金额
纳税人识别号	460104732154687	一、自备运输工具运费 1.公路运费 600.00 2.水路运费	仓储费 包装整理费 装卸费 劳务费 票签费
收货人名称	无锡远扬有限责任公司		
纳税人识别号	320273501826288		小计 包干费
发货站(港) 到站(港) 经由 中转	武汉汉口　无锡站	二、代付费用 1.铁路运费 2.公路运费 3.水路运费 4.航空运费	垫付费用 项目及金额 保险费 邮寄费
货物名称 件数 计重资费 包装	传真机　80台	小计 600.00	小计
合计人民币（大写）陆佰元整		￥600.00	
承运人名称 纳税人识别号		主管税务机关及代码	

（印章：武汉市第三运输有限公司 发票专用章）

开票单位盖章　　开票人：张丽霞　　收款人刘云龙　　手写无效

第二联 发票联 收货发记账凭证

图 1－13

任务2： 出纳持有关单据至银行，办妥托收手续，取得托收承付回单联（见图1—14）。

要求： 能正确办理托收业务，熟悉托收业务相关原始凭证。

第　　号

邮　　**托收承付** 凭证（回　　单）　　1　　委托号码

委托日期　2012年6月12日

付款人	全　称	无锡远扬有限责任公司	收款人	全　称	武汉东华办公设备公司
	账号或地址	1103024605236585678		账　号	4200186800546
	开户银行	工行湖滨支行		开户银行	建行紫金支行　行号 42037800
委收金额	人民币（大写）	贰拾叁万贰仟柒佰贰拾捌元整		千百十万千百十元角分	¥23272800
附件	附寄单证张数	3	商品发运情况	已发运	合同名称号码　商品销售合同
备注：			款项收妥日期　年　月　日		收款人开户银行盖章　月　日

中国建设银行武汉支行　2012年6月12日　办讫章

单位主管　　会计　　复核　　记账

此联收款人开户银行给收款人的回单

图1—14

任务3： 编制赊销业务记账凭证。

要求： 能准确编制赊销业务记账凭证。

（1）将增值税专用发票“记账联”和托收承付凭证“回单联”传给会计，填制销售记账凭证（见图1—15）。

会计分录：

借：应收账款　　232,728

　贷：主营业务收入——传真机　　198,400

　　应交税费——应交增值税（销项税额）　　33,728

　　库存现金　　600

记　账　凭　证

2012年　6　月　12　日　　　　顺序号第 26 号

摘要	总账科目	明细科目	√	借方	贷方
销售传真机	应收账款	无锡远扬		23272800	
	主营业务收入	传真机			19840000
	应交税费	应交增值税（销项）			3372800
	库存现金				60000
合计				¥23272800	¥23272800

附件 3 张

会计主管　　记账　　稽核　　填制 王丽

图1—15

（2）将出库单（见图1—16）传给会计，填制结转成本记账凭证（见图1—17）。会计分录：

借：主营业务成本——传真机　　138,800

　　贷：库存商品——传真机—佳能 FAX—L120　　138,800

出　库　单

发货仓库：1#仓库　　　　第8号

提货单位：无锡远扬有限责任公司　　　　2012年6月12日

类别	编号	名称型号	单位	应发数量	实发数量	单位成本	金额
传真机	07F003	佳能FAX-L120	台	80	80	1735	138800
合计				80	80		138800

负责人：　　经发：张亮　　保管：罗前　　填单：李奇

第三联 财务记账

图1—16

记　账　凭　证

2012年　6　月12日　　　　顺序号第27号

摘要	总账科目	明细科目	√	借方										贷方									
				千	百	十	万	千	百	十	元	角	分	千	百	十	万	千	百	十	元	角	分
结转已销	主营业务成本	传真机				1	3	8	8	0	0	0	0										
传真机成本	库存商品	佳能 FAX-L120														1	3	8	8	0	0	0	0
合计					¥	1	3	8	8	0	0	0	0		¥	1	3	8	8	0	0	0	0

附件1张

会计主管　　记账　　稽核　　填制 王丽

图1—17

任务4：将记账凭证提交会计主管稽核，审核后会计主管签章（见图1—18、图1—19），据以记账。

要求：能正确审核赊销业务记账凭证。

记 账 凭 证

2012 年 6 月 12 日　　　　顺序号第26号

摘要	总账科目	明细科目	√	借方（千百十万千百十元角分）	贷方（千百十万千百十元角分）
销售传真机	应收账款	无锡远扬		23272800	
	主营业务收入	传真机			19840000
	应交税费	应交增值税（销项）			3372800
	库存现金				60000
合　　计				¥23272800	¥23272800

附件3张

会计主管　　记账　　稽核周正　　填制 王丽

图 1－18

记 账 凭 证

2012 年 6 月12 日　　　　顺序号第27号

摘要	总账科目	明细科目	√	借方（千百十万千百十元角分）	贷方（千百十万千百十元角分）
结转已销	主营业务成本	传真机		13880000	
传真机成本	库存商品	佳能FAX-L120			13880000
合　　计				¥13880000	¥13880000

附件1张

会计主管　　记账　　稽核周正　　填制 王丽

图 1－19

任务5：将审核无误后的记账凭证交给会计、出纳登账。

要求：能正确登记各种账簿。

(1) 登记主营业务收入明细账（见图 1－20）。

主营业务收入明细账

2012年 月	日	凭证 种类	号数	摘要	打印机（千百十万千百十元角分）	传真机（千百十万千百十元角分）	考勤机（千百十万千百十元角分）	余额（千百十万千百十元角分）	√
6	2	记	3	销售	34560000			34560000	
	12	记	26	销售		19840000		54400000	

图 1－20

（2）登记主营业务成本明细账（见图 1－21）。

主营业务收入明细账

2012年		凭证		摘要	打印机										传真机										考勤机										余额										√
月	日	种类	号数		千	百	十	万	千	百	十	元	角	分	千	百	十	万	千	百	十	元	角	分	千	百	十	万	千	百	十	元	角	分	千	百	十	万	千	百	十	元	角	分	
6	2	记	4	结转成本			2	6	3	1	0	0	0	0																							2	6	3	1	0	0	0	0	
	12	记	27	结转成本													1	3	8	8	0	0	0	0													4	0	1	9	0	0	0	0	

图 1－21

【业务指导】

1. 收入明细账账页格式应为多栏式明细账。按销售商品的类别设置各分析小栏。

2. 登记后，应在记账凭证各科目对应“√”栏打“√”以示过账，并在凭证下方“记账”处签名或盖章。

【活动任务】

2012 年 9 月武汉东华办公设备公司向利来电子公司销售办公用品一批，开出的增值税专用发票上注明售价 400,000 元，增值税税额 68,000 元。武汉东华办公设备公司收到利来电子公司开出不带息银行承兑汇票，票面金额 468,000 元，期限 2 个月。该批商品已经发运，并代垫运费 3,000 元，商品成本 320,000 元。

要求： 完成远大公司上述经济业务的会计处理。

【业务精要】

销售商品时为客户代垫的运费，应为代收的款项，不构成商品销售收入。

模块三　商品销售收入核算的基本知识

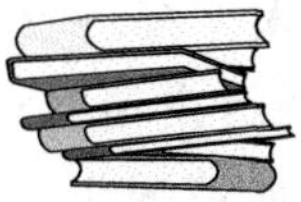

学习目标

1. 熟悉商品销售收入的确认条件
2. 熟练计量商品销售收入
3. 正确核算其他销售方式下销售业务

工作任务

1. 及时正确确认商品销售收入
2. 准确计量商品销售收入
3. 核算存在商业折扣、现金折扣及销售退回等情况的商品销售收入

【知识导入】

一、“主营业务收入”账户的用途和结构是什么

“主营业务收入”账户核算企业确认的销售商品、提供劳务等主营业务的收入。贷方登记已实现的企业销售商品或提供劳务的收入额，借方登记销售退回、销售折让等金额。期末将余额转入“本年利润”账户，结转后无余额。本账户可按主营业务种类明细核算。

二、“主营业务成本”账户的用途和结构是什么

“主营业务成本”账户核算企业确认销售商品、提供劳务等主营业务收入时应结转的成本。借方登记已经销售商品、提供劳务等主营业务实际发生的成本，贷方登记销售退回时应冲减的成本。期末将余额转入“本年利润”账户，结转后无余额。本账户可按主营业务种类明细核算。

【范例任务 1】

任务 1：商品销售收入的确认条件。

要求：能熟悉商品销售收入的确认条件。

销售商品收入，应当在下列条件均满足时才能予以确认：

1. 企业已将商品所有权上的主要风险和报酬转移给购货方。商品所有权上的风险主要是指商品可能发生的贬值、损坏、报废等损失，这种损失一旦发生，将由商品所有者承担；商品所有权上的报酬主要指商品中包含的未来经济利益，包括商品升值的经济利益，这种经济利益将由商品所有者享有。

2. 企业既没有保留通常与所有权相联系的继续管理权，也没有对已售出的商品实施控制。如果商品所有权上的主要风险和报酬已转移给购货方，但销货企业仍保留与其所有权相联系的继续管理权，或仍对所售出的商品实施控制，则说明该项商品销售交易没有完成，不能确认收入。

3. 收入的金额能够可靠地计量。收入的金额能够可靠地计量是指收入的金额能够合理的估计。收入不能合理的估计，便无法确认收入。在一般情况下，企业销售商品时，售价已经确定，则应按双方确定的售价确认收入。但在销售过程中，由于某种不确定性因素，也有可能出现售价发生变动的情况，在这种情况下，新的售价确定前不应当确认收入。

4. 相关的经济利益很可能流入企业。经济利益是指直接或间接流入企业的现金或现金等价物。尽管企业在销售商品交易中，直接收到的不一定都是现金或现金等价物，有可能是非现金资产，但其最终都能体现为现金或现金等价物流入企业。企业在销售商品时，如估计价款收回的可能性不大，即使收入确认的其他条件均已满足，也不应该确认收入。

5. 相关的已发生的或将发生的成本能够可靠地计量。它是指与商品销售相关的已发生的或将发生的成本能够合理地估计。因此，成本不能合理地估计，即使收入确认的其他条件均已满足，也不应该确认收入。如已收到价款，收到的价款应确认为一项负债。

企业销售商品应同时满足上述5个条件，才能确认收入。任何一个条件没有满足，即使收到货款，也不能确认收入。

任务2： 商品销售收入的计量。

要求： 能正确计量商品销售收入。

通常情况下，企业应按从购货方已收或应收的合同或协议价款确定销售商品收入金额。但是，合同或协议价款的收取采用递延方式，实质上具有融资性质的，应当按照应收的合同或协议价款的公允价值（通常为合同或协议价款的现值）确定销售商品收入金额。应收的合同或协议价款与其公允价值之间的差额，应当在合同或协议期间内采用实际利率法进行摊销，计入当期损益（冲减财务费用）。

任务3： 商品销售收入设置的主要账户。

要求： 能理解商品销售收入设置的主要账户。

（1）“主营业务收入”。

（2）“应收账款”。

（3）“应交税费——应交增值税”。

（4）“主营业务成本”。

（5）“库存商品”。

任务4： 销售商品收入涉及商业折扣、现金折扣、销售折让的处理。

要求： 能理解商业折扣、现金折扣、销售折让等业务的分录处理。

通常情况下销售商品收入的账务处理：

确认销售商品收入时，企业应按已收或应收的合同或协议价款，加上应收取的增值税额，借记“银行存款”、“应收账款”、“应收票据”等科目，按确定的收入金额，贷记“主营业务收入”、“其他业务收入”等科目，按应收取的增值税额，贷记“应交税费——应交增值税（销项税额）”科目；同时在资产负债表日，按应交纳的消费税、资源税、城市维护建设税、教育费附加等税费金额，借记“主营业务税金及附加”科目，贷记“应交税费——应交消费税（或应交资源税、应交城市维护建设税等）”科目。

1. 现金折扣。现金折扣是指债权人为鼓励债务人在规定的期限内付款，而向债务人提供的债务减让。现金折扣通常发生在以赊销方式销售商品或提供劳务的交易中。企业为了鼓励客户提前偿付货款，通常与债务人达成协议，在信用期内规定一个折扣期限，债务人在不同的折扣期限内付款可享受不同比例的折扣，越早付款，得到的折扣优惠额越大，超过折扣期付款，则得不到折扣。

现金折扣一般用符号“折扣/付款期限”表示。例如，某企业赊销商品，提供的现金折扣条件为 2/10、1/20、n/30。该折扣条件表明：买方在 10 天内付款可按售价给予 2%的折扣；在 11～20 天内付款可按售价给予 1%的折扣；在 21～30 天内付款，则不给予折扣。由此可见，现金折扣使得销售方的应收账款的收回金额随客户付款时间不同而有差异，必然对应收账款的入账金额产生影响。对于这种影响，会计上有两种处理方法，一种是总价法，另一种是净价法。

总价法是将未减去现金折扣前的金额作为实际售价，计作应收账款的入账价值。现金折扣只有客户在折扣期内支付货款时，才予以确认。在这种情况下，销售方把给予客户的现金折扣视为融资的理财费用，会计上作为财务费用处理。另一种方法是净价法，即将扣减现金折扣后的金额作为实际售价，据以确认应收账款的入账价值。这种方法是把客户取得折扣视为正常现象，认为客户一般都会提前付款，而将由于客户超过折扣期限而多收入的金额，视为提供信贷获得的收入，在会计上作为利息收入入账。我国企业会计准则规定，企业应收账款的入账价值，应当按总价法确认。

[例 1－1] 甲公司向乙公司销售一批产品，增值税专用发票上注明价款 5,000 元，增值税 850 元，现金折扣条件为 2/10、1/20、n/30（不含增值税）。销售产品时，甲公司编制会计分录如下：

借：应收账款	5,850	
贷：主营业务收入		5,000
应交税费——应交增值税（销项税额）		850

如果乙公司 10 天内付款，付款额为 5750 元（5850－5000×2%）。收到款项时，甲公司编制会计分录如下：

借：银行存款	5,750	
财务费用	100	
贷：应收账款		5,850

如果乙公司在 11～20 天内付款，则付款额为 5,800 元（5,850－5,000×1%）。收到

款项时，甲公司编制会计分录如下：

借：银行存款　5,800

　　财务费用　50

　　贷：应收账款　5,850

如果乙公司超过20天付款，则不能享受现金折扣优惠，需按全额支付。收到款项时，甲公司编制会计分录如下：

借：银行存款　5,850

　　贷：应收账款　5,850

2. 商业折扣。商业折扣是指企业根据市场供需情况，或针对不同的顾客，在商品标价上给予的扣除。商业折扣是企业最常用的促销手段。由于商业折扣实际上是对商品报价进行的折扣，扣除折扣后的净额才是实际销售价格，商品是按实际销售价格成交的，并按其开具发票，所以，商业折扣对应收账款入账价值没有什么实质性的影响，它仅仅是确定实际售价的一种手段，不需要在买卖双方任何一方的账上反映。因此，在存在商业折扣的情况下，企业应收账款金额应按扣除商业折扣以后的实际售价确认。

［例1－2］甲公司A产品单价为200元（成本为160元）。乙公司一次购买A产品1,000件，根据规定的折扣条件，可得到10%的商业折扣。甲公司为一般纳税人，乙公司按合同规定采用托收承付结算方式结算。甲公司应编制会计分录如下：

销货时：

借：应收账款　210,600

　　贷：主营业务收入　180,000

　　　　应交税费——应交增值税（销项税额）　30,600

借：主营业务成本　160,000

　　贷：库存商品　160,000

收到银行转来的收款通知时：

借：银行存款　210,600

　　贷：应收账款　210,600

3. 销售折让。销售折让是指企业因售出商品的质量、品种等不符合要求而在售价上给予的减让。这属于销售行为在先，购货方希望售价减让在后。而且，通常情况下，销售折让发生在销售收入已经确认之后，因此，销售折让发生时，直接冲减当期销售商品收入。需要注意的是，销售折让属于资产负债表日后事项的，应按资产负债表日后事项准则的相关规定进行处理。

［例1－3］甲公司上月销售商品一批，增值税专用发票上的售价为100,000元，增值税额17,000元，货到后买方发现商品质量有问题，经双方协商同意给予10%的折让，该批商品的成本为70,000元。购货方按合同规定采用托收承付结算方式结算。甲公司应编制会计分录如下：

实现销售时：

借：应收账款　117,000

贷：主营业务收入　　100,000

　　应交税费——应交增值税（销项税额）　　17,000

借：主营业务成本　　70,000

　　贷：库存商品　　70,000

发生销售折让时：

借：主营业务收入　　10,000

　　应交税费——应交增值税（销项税额）　　1,700

　　贷：应收账款　　11,700

实际收到货款时：

借：银行存款　　105,300

　　贷：应收账款　　105,300

4. 已确认收入的销售退回的处理。销售退回是指企业售出的商品由于质量、品种不符合要求等原因而发生的退货。已确认收入的售出商品发生销售退回的，企业一般应在发生时冲减当期销售商品收入，同时冲减当期销售商品成本。如该项销售退回已发生现金折扣的，应同时调整相关财务费用的金额；如该项销售退回允许扣减增值税额的，应同时调整“应交税费——应交增值税（销项税额）”科目的相应金额。

[例 1－4] 甲公司 2012 年 6 月 15 日销售 B 产品一批，售价 100,000 元，增值税额 17,000 元，成本 55,000 元。合同规定现金折扣条件为 2/10、1/20、n/30。买方于 6 月 24 日付款，享受现金折扣 2,000 元。2012 年 12 月 15 日该批商品因质量严重不合格被退回。

对该项业务，甲公司应作如下会计处理：

（1）销售商品时：

借：应收账款　　117,000

　　贷：主营业务收入　　100,000

　　　　应交税费——应交增值税（销项税额）　　17,000

借：主营业务成本　　55,000

　　贷：库存商品　　55,000

（2）收回货款时：

借：银行存款　　115,000

　　财务费用　　2,000

　　贷：应收账款　　117,000

（3）销售退回时：

借：主营业务收入　　100,000

　　应交税费——应交增值税（销项税额）　　17,000

　　贷：银行存款　　115,000

　　　　财务费用　　2,000

借：库存商品　　55,000

　　贷：主营业务成本　　55,000

5. 销售商品不符合收入确认条件的会计处理。如果销售商品不符合收入确认条件，则不应确认收入。已经发出的商品，应当通过“发出商品”科目进行核算。

[例 1－5] 甲公司采用托收承付方式向乙公司销售一批商品，开出的增值税专用发票上注明的销售价格为100,000元，增值税额为17,000元。该批商品成本为60,000元。甲公司在售出该批商品时已得知乙公司现金流转发生暂时困难，但为了减少存货积压，同时也为了维持与乙公司长期以来建立的商业关系，甲公司仍将商品发出并办妥托收手续。假定甲公司销售该批商品的纳税义务已经发生，不考虑其他因素。甲公司的账务处理如下：

(1) 发出商品时：

借：发出商品	60,000	
贷：库存商品		60,000
借：应收账款	17,000	
贷：应交税费——应交增值税（销项税额）		17,000

(2) 得知乙公司经营情况出现好转，乙公司承诺近期付款时：

借：应收账款	100,000	
贷：主营业务收入		100,000
借：主营业务成本	60,000	
贷：发出商品		60,000

【范例任务 2】

特殊商品销售业务

2012年10月武汉东华办公设备公司与华北公司签订代销打印纸100箱的合同，武汉东华办公设备公司按协议价每箱200元（不含税），收取代销货款，售价由华北公司自定，售价与协议价差额归华北公司，华北公司按每箱打印纸220元（不含税）销售，月底售完；销售清单已收到，货款已通过银行收讫；双方均为增值税一般纳税人，乙商品增值税税率17%，打印纸成本价每箱150元。

在企业会计实务中，可能会遇到一些特殊的商品销售方式。在将商品销售收入确认和计量原则运用于特殊商品销售业务进行会计处理时，应结合这些特殊的商品销售方式，并注重交易的实质。

任务 1： 代销商品业务的会计处理。

要求： 能熟悉代销商品业务的会计处理。

代销商品是一种特殊销售方式，会计处理分为视同买断方式和收取手续费方式。

视同买断方式是由委托方与受托方签定协议，委托方按协议价格收取委托代销商品的货款，实际售价可由受托方自定，实际售价与协议价之间的差额归受托方所有的销售方式。受托方将商品销售后，按实际售价确认商品销售收入，并向委托方开具代销清单；委托方收到代销清单，再确认本企业的销售收入。

[例 1－6] 2012年10月武汉东华办公设备公司与华北公司签订代销打印纸100箱的

合同，武汉东华办公设备公司按协议价每箱 200 元（不含税），收取代销货款，售价由华北公司自定，售价与协议价差额归华北公司，华北公司按每箱打印纸 220 元（不含税）销售，月底售完；销售清单已收到，货款已通过银行收讫；双方均为增值税一般纳税人，打印纸增值税税率 17%，打印纸成本价每箱 150 元。

武汉东华办公设备公司（委托方）会计处理如下：

（1）发出代销商品 100 箱时，按成本价作如下分录：

借：发出商品——打印纸	15,000	
贷：库存商品——打印纸		15,000

（2）收到代销清单，并按协议价收讫货款，开具增值税专用发票时，作如下分录：

借：银行存款	23,400	
贷：主营业务收入		20,000
应交税费——应交增值税（销项税额）		3,400

（3）结转代销商品成本：

借：主营业务成本——打印纸	15,000	
贷：发出商品——打印纸		15,000

华北公司（受托方）会计处理如下：

（1）收到代销商品 100 箱时：

借：代理业务资产——打印纸	20,000	
贷：代理业务负债——东华公司		20,000

（2）实际销售时：

借：银行存款	25,740	
贷：主营业务收入		22,000
应交税费——应交增值税（销项税额）		3,740
借：主营业务成本——打印纸	20,000	
贷：代理业务资产——打印纸		20,000
借：代理业务负债——东华公司	20,000	
贷：应付账款——东华公司		20,000

（3）按合同协议将款项付给委托方时：

借：应付账款——东华公司	20,000	
应交税费——应交增值税（进项税额）	340	
贷：银行存款		23,400

收取手续费方式是指受托方根据代销商品数量向委托方收取手续费的销售方式。委托方在发出商品时通常不确认为销售商品收入，而应在收到受托方开出代销清单时确认销售商品收入；受托方应在商品销售后，按合同协议约定的方法计算确定的手续费确认收入。

［**例 1－7**］2012 年 10 月武汉东华办公设备公司与华北公司签订代销打印纸 100 箱的合同，规定每箱售价 200 元（不含税），手续费按销售一箱 20 元支付，全部售完后一次性付清；月末该商品全部售完，实现销售收入 20000 元，销售清单已收到，货款已通过银行

收讫，手续费已支付；双方均为增值税一般纳税人，打印纸增值税税率17%，成本价每箱150元。

武汉东华办公设备公司（委托方）会计处理如下：

（1）发出代销商品100箱时：

借：发出商品——打印纸	15,000	
贷：库存商品——打印纸		15,000

（2）收到代销清单：

借：应收账款——华北公司	23,400	
贷：主营业务收入		20,000
应交税费——应交增值税（销项税额）		3,400
借：主营业务成本——打印纸	15,000	
贷：发出商品——打印纸		15,000

（3）扣除手续费，收到受托方货款时：

借：销售费用	2,000	
贷：应收账款——华北公司		2,000
借：银行存款	21,400	
贷：应收账款——华北公司		21,400

华北公司（受托方）会计处理如下：

（1）收到代销商品100箱时：

借：代理业务资产——打印纸	20,000	
贷：代理业务负债——东华公司		20,000

（2）实际销售时：

借：银行存款	23,400	
贷：应付账款		20,000
应交税费——应交增值税（销项税额）		3,400

（3）收到增值税专用发票：

借：应交税费——应交增值税（进项税额）	3,400	
贷：应付账款		3,400
借：代理业务负债——东华公司	20,000	
贷：代理业务资产——打印纸		20,000

（4）支付货款并计算代销手续费：

借：应付账款——东华公司	23,400	
贷：银行存款		21,400
主营业务收入		2,000

任务2：预收款销售商品业务的会计处理。

要求：能熟悉预收款销售商品业务的会计处理。

预收款销售商品是指购买方在商品尚未收到前按合同或协议约定分期付款，销售方在收到最后一笔款项时才交货的销售方式。在这种方式下，销售方直到收到最后一笔款项才将商品交付购货方，表明商品所有权上的主要风险和报酬只有在收到最后一笔款项时才转移给购货方，因此，企业通常应在发出商品时确认收入，在此之前预收的货款应确认为负债。

[例 1－8] 甲公司与乙公司签订协议，采用预收款方式向乙公司销售一批商品。该批商品实际成本为 700,000 元。协议约定，该批商品销售价格为 1,000,000 元，增值税税额为 170,000 元；乙公司应在协议签订时预付 60％的货款（按不含增值税销售价格计算），剩余货款于两个月后支付。甲公司的账务处理如下：

（1）收到 60％货款时：

借：银行存款	600,000	
贷：预收账款		600,000

（2）收到剩余货款及增值税额并确认收入时：

借：预收账款	600,000	
银行存款	570,000	
贷：主营业务收入		1,000,000
应交税费——应交增值税（销项税额）		170,000
借：主营业务成本	700,000	
贷：库存商品		700,000

任务 3：售后回购业务的会计处理。

要求：能熟悉售后回购业务的会计处理。

售后回购是指销售商品的同时，销售方同意日后再将同样或类似的商品购回的销售方式。在这种方式下，销售方应根据合同或协议条款判断企业是否将商品所有权相关的风险和报酬转移给购买方，以确定是否确认为商品销售收入。大多数情况下，售后回购交易属于融资交易，企业不应把它确认为商品销售收入，收到款项确认为负债；回购价格大于原售价的差额，企业应在回购期间按期计提利息，计入损益。有确凿证据表明售后回购交易满足商品销售收入确认条件的，销售商品按售价确认为收入，回购商品作商品购进处理。

[例 1－9] 光远公司于 2012 年 1 月 1 日将一批成本为 220 万元的商品以 250 万元的价格销售给利然公司，开出增值税专用发票，注明销售价 250 万元，增值税税额 42.5 万元。签定协议约定，光远公司将由于 5 月 31 日将所售商品购回，回购价为 260 万元（不含增值税）。假定不考虑其他因素。光远公司会计处理如下：

1 月 1 日发出商品时：

借：银行存款	2,925,000	
贷：应交税费——应交增值税（销项税额）		425,000
其他应付款		2,500,000
借：发出商品	2,200,000	
贷：库存商品		2,200,000

回购价格大于原售价的差额，在回购期间按期计提利息。本例每月按期财务费用为20,000元（100,000/5）。

借：财务费用　　20,000

　　贷：其他应付款　　20,000

5月31日回购时，收到增值税专用发票，注明销售价260万元，增值税税额44.2万元。

借：其他应付款　　2,600,000

　　应交税费——应交增值税（进项税额）　　442,000

　　贷：银行存款　　3,042,000

借：库存商品　　2,200,000

　　贷：发出商品　　2,200,000

任务4：售后租回业务的会计处理。

要求：能熟悉售后租回业务的会计处理。

售后租回是指销售商品的同时，销售方同意在日后再将同样的商品租回的销售方式。在这种方式下，销售方应根据合同或协议条款判断企业是否已将商品所有权上的主要风险和报酬转移给购货方，以确定是否确认销售商品收入。在大多数情况下，售后租回属于融资交易，这种情况下，企业不应确认销售商品收入，收到款项时应确认为负债，售价与账面价值之间的差额应当根据不同情况分别进行会计处理：

1. 如果售后租回交易认定为融资租赁的，售价与资产账面价值之间的差额应当予以递延，在租赁期内按照该项租赁资产的折旧进度进行分摊，作为折旧费用的调整。

2. 如果售后租回交易认定为经营租赁的，应当分别情况处理：（1）有确凿证据表明售后租回交易是按照公允价值达成的，售价与资产账面价值的差额应当计入当期损益。（2）售后租回交易如果不是按照公允价值达成的，售价低于公允价值的差额，应计入当期损益；但若该损失将由低于市价的未来租赁付款额补偿时，有关损失应予以递延（递延收益），并按与确认租金费用相一致的方法在租赁期内进行分摊；如果售价大于公允价值，其大于公允价值的部分应计入递延收益，并在租赁期内分摊。

任务5：具有融资性质的分期收款销售商品业务的会计处理。

要求：能熟悉分期收款销售商品业务的会计处理。

企业销售商品，有时会采取分期收款的方式，如分期收款发出商品，即商品已经交付，货款分期收回（通常超过3年）。如果延期收取的货款具有融资性质，其实质是企业向购货方提供信贷，企业应当按照应收的合同或协议价款的公允价值确认收入金额。应收的合同或者协议价款的公允价值，通常应当按照其未来现金流量现值或商品现销价格计算确定。

应收的合同或协议价款与其公允价值之间的差额，应当在合同或协议期间内，按照应收款项的摊余成本和实际利率计算确定的金额进行摊销，作为财务费用的抵减处理。其中，实际利率是指具有类似信用等级的企业发行类似工具的现时利率，或者将应收的合同或协议价款折现为商品现销价格的折现率等。

应收的合同或协议价款与其公允价值之间的差额，按照实际利率法摊销与直接摊销结果相差不大的，也可以采用直线法进行摊销。

[例 1－10] 2012 年 1 月 1 日，甲公司采用分期收款方式向乙公司销售一套大型设备，合同约定的销售价格为 2,000 万元，分 5 次于每年 12 月 31 日等额收取。该大型设备成本为 1,560 万元。在现销方式下，该大型设备的销售价格为 1,600 万元。假定甲公司发出商品时，开出增值税专用发票，注明增值税额为 340 万元，并于当天收到值税额为 340 万元。

根据本例的资料，甲公司应当确认的销售商品收入金额为 1,600 万元。

根据下列公式：

未来五年收款额的现值＝现销方式下应收款项金额

可以得出：

400×（P/A，r，5）＋340＝1,600＋340＝1,940（万元）

可在多次测试的基础上，用插值法计算折现率。

当 r＝7%时，400×4.1002＋340＝1980.08＞1,940

当 r＝8%时，400×3.9927＋340＝1937.08＜1,940

因此，7%＜r＜8%。用插值法计算如下：

现值	利率
1980.08	7%
1940	r
1937.08	8%

（1,980.08－1,940）÷（1,980.08－1,937.08）＝（7%－r）÷（7%－8%）

r＝7.93%

每期计入财务费用的金额如表 1－1 所示。

表 1－1　　财务费用和已收本金计算表　　单位：万元

	未收本金 ①＝上期①－上期④	财务费用 ②＝①×7.93%	收现总额	已收本金 ④＝③－②
2012 年 1 月 1 日	1,600			
2012 年 12 月 31 日	1,600	126.88	400	273.12
2013 年 12 月 31 日	1,326.88	105.22	400	294.78
2014 年 12 月 31 日	1,032.10	81.85	400	318.15
2015 年 12 月 31 日	713.95	56.62	400	343.38
2016 年 12 月 31 日	370.57	29.43*	400	370.57
总额		400	2,000	1,600

* 尾数调整

根据上表的计算结果，甲公司各期的账务处理如下：

(1) 2012年1月1日销售实现：

借：长期应收款——乙公司　20,000,000
　　银行存款　3,400,000
　　贷：主营业务收入——销售设备　16,000,000
　　　　应缴税费——应交增值税（销项）　3,400,000
　　　　未实现融资收益——销售设备　4,000,000

借：主营业务成本——设备　15,600,000
　　贷：库存商品——设备　15,600,000

(2) 2012年12月31日收取货款和增值税税额：

借：银行存款　4,000,000
　　贷：长期应收款——乙公司　4,000,000

借：未实现融资收益——销售设备　1,268,800
　　贷：财务费用——分期收款销售商品　1,268,800

(3) 2013年12月31日收取货款和增值税额：

借：银行存款　4,000,000
　　贷：长期应收款——乙公司　4,000,000

借：未实现融资收益——销售设备　1,052,200
　　贷：财务费用——分期收款销售商品　1,052,200

(4) 2014年12月31日收取货款和增值税额：

借：银行存款　4,000,000
　　贷：长期应收款——乙公司　4,000,000

借：未实现融资收益——销售设备　818,500
　　贷：财务费用——分期收款销售商品　818,500

(5) 2015年12月31日收取货款和增值税税额：

借：银行存款　4,000,000
　　贷：长期应收款——乙公司　4,000,000

借：未实现融资收益——销售设备　566,200
　　贷：财务费用——分期收款销售商品　566,200

(6) 2016年12月31日收取货款和增值税额：

借：银行存款　4,000,000
　　贷：长期应收款——乙公司　4,000,000

借：未实现融资收益——销售设备　294,300
　　贷：财务费用——分期收款销售商品　294,300

【活动任务】

1. 武汉东华办公设备公司以视同买断方式，某月委托B企业代销甲商品100件，100

件甲商品不含税接收价为56,000元，B企业当月按每件不含税价800元销售了80件。

要求： 完成武汉东华办公设备公司、B企业相关经济业务的会计处理（武汉东华办公设备公司甲商品实际成本400元）。

2. 甲公司与乙公司签定协议，采用预收货款方式向乙公司销售商品一批。商品实际成本600,000元。协议约定，商品售价为800,000元，增值税136,000元。协议时乙公司预付60%货款，余款于2个月后支付。

要求： 完成甲公司相关经济业务的会计处理。

3. 芭比服装公司销售一批多余服装面料，开出增值税专用发票注明售价10,000元，增值税税额为1,700元，款项已收到。该批服装面料成本为8,600元。

要求： 完成芭比服装公司相关经济业务的会计处理。

【业务精要】

企业在日常活动中还可能发生对外销售不需用的原材料、周转材料等存货的业务。企业销售不需用的原材料、周转材料也视作商品销售，其收入的确认计量比照商品销售。企业销售不需用的原材料、周转材料实现的收入作为其他业务收入，结转的相应成本作为其他业务成本。

【业务训练】

1. 甲公司向乙公司销售一批产品，开出增值税专用发票上注明销售价格为200,000元，增值税税额为34,000元，产品已经发出，款项尚未收到。该批产品成本为160,000元。乙公司已将该批产品验收入库。

要求： 确定甲公司的账务处理。

2. 甲企业在2012年7月1日销售商品一批给乙企业，增值税专用发票上注明的售价为100,000元，增值税额为17,000元。企业为了及早收回货款而在合同中规定的现金折扣条件为：2/10，1/20，n/30（计算折扣时不考虑增值税）。

要求： 编制有关会计分录。

（1）假设甲企业于7月9日收到款项，请编制甲企业相关销售业务会计分录。

（2）假设甲企业于7月19日收到款项，请编制甲企业相关销售业务会计分录。

（3）假设甲企业于8月1日收到款项，请编制甲企业相关销售业务会计分录。

3. 采用商业汇票结算方式，销售A产品一批，销售收入5,000,000元，增值税税率17%，开出增值税专用发票，并已收到承兑的商业汇票。该批甲产品实际成本为1,000,000元。

要求： 完成甲公司的账务处理。

4. 采用支票结算方式，销售原材料一批，价款100,000元（不含增值税），实际成本

60,000元，适用增值税税率为17%，已开具增值税专用发票，全部款项已存入银行。

要求：完成甲公司的账务处理。

5. 甲公司于2012年12月8日向乙公司销售一批产品，开出增值税专用发票上注明销售价格为50,000元，增值税税额为8,500元。该批产品成本为26,000元。为尽早收回货款，约定现金折扣条件：2/10，1/20，n/30。乙公司在2012年12月17日支付货款。2012年12月23日，该批产品因质量问题被乙公司退回。甲公司当日支付有关款项。

要求：确定甲公司的账务处理。

6. 甲公司销售产品每件440元，若客户购买200件（含200件）以上，每件可得40元的商业折扣。某客户2012年8月8日购买该企业产品200件，按规定现金折扣条件为2/10，1/20，n/30。适用的增值税率为17%。该企业于8月24日收到该笔款项。

要求：确定甲公司的账务处理。

7. 家森企业于2012年5月21日以托收承付的方式向A公司销售一批商品，成本为578,000元，增值税发票上注明的售价为800,000元，增值税为136,000元。该企业在销售时已知A公司资金周转发生困难，但为了减少存货积压，同时也为了维持与A公司长期以来建立的商业关系，该企业将商品售给了A公司。该商品已经发出，并向银行办妥托收手续。假定该企业销售该商品的纳税义务已经发生。假定8月7日销货企业得知A公司经营状况好转，A公司承诺近期付款。

要求：编制家森企业销售商品的会计分录。

8. 甲公司向乙公司销售一批商品，开出的增值税专用发票上注明的销售价款为800,000元，增值税额为136,000元。乙公司在验收过程中发现商品质量不合格，要求在价格上给予5%的折让。假定甲公司已确认销售收入，款项尚未收到，发生的销售折让允许扣减当期增值税额。

要求：编制甲公司销售商品的会计分录。

9. 甲公司在2012年10月18日向乙公司销售一批商品，开出的增值税专用发票上注明的销售价款为50,000元，增值税税额为8,500元。该批商品成本为26,000元。为及早收回货款，甲公司和乙公司约定的现金折扣条件为：2/10，1/20，n/30。乙公司在2012年10月28日支付货款。2012年12月5日，该批商品因质量问题被乙公司退回，甲公司当日支付有关款项。假定计算现金折扣时不考虑增值税。

要求：编制甲公司有关销售的会计分录。

10. 2012年7月1日，A公司因融资需要，将其生产的一批商品销售给同是一般纳税人的B公司，销售价格为600万元（不含增值税），商品销售成本为480万元，商品已经发出，货款尚未收到。按照双方协议，A公司将该批商品销售给B公司后2012年12月31日以660万元的价格购回所售商品。

要求：编制A公司有关销售的会计分录。

项目二　提供劳务收入核算

收入按企业从事日常活动的性质不同，可分为商品销售收入、提供劳务收入和让渡资产使用权收入。企业通过提供旅游、运输、咨询、代理、培训、产品安装等劳务实现的收入就是提供劳务收入。

项目 目标与要求

- 熟悉企业提供劳务收入业务流程和原始凭证
- 正确核算提供劳务收入业务

项目 工作任务

- 熟悉企业提供劳务收入业务流程
- 核算企业提供劳务收入业务

项目 任务书

项目模块	工作任务	课时
模块 1 提供劳务收入核算的业务操作	任务 1　预收劳务收入	1
	任务 2　发生劳务成本核算	1
	任务 3　确认主营业务收入并结转主营业务成本核算	1
模块 2 劳务收入确认与计量知识	任务 1　能对提供的交易结果作出可靠估计的劳务收入的确认与计量	2
	任务 2　不能对提供的交易结果作出可靠估计的劳务收入的确认与计量	1

模块一　提供劳务收入核算的业务操作

学习目标

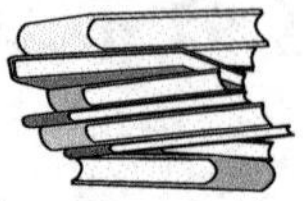

1. 正确核算预收劳务收入
2. 核算发生的劳务成本
3. 及时确认收入并结转成本

工作任务

1. 核算预收劳务收入
2. 核算发生劳务成本
3. 确认收入并结转相应成本

【知识导入】

什么是劳务收入

提供劳务收入是指企业通过提供劳务实现的收入。比如，企业通过提供旅游、运输、咨询、代理、培训、产品安装等劳务实现的收入就是提供劳务收入。

【范例任务】

南京百信财务咨询公司于 2011 年 12 月 25 日接受南京华润公司委托，为其培训一批员工，培训期为 6 个月，2012 年 1 月 1 日开始。协议规定华润公司支付百信财务咨询公司培训费总额为 60,000 元，分 3 次等额支付。第一次在培训开始时预付，第二次在 2012 年 3 月 1 日支付，第三次在培训结束时支付。

2012 年 1 月 1 日华润公司第一次预付培训费 20,000 元，至 2012 年 2 月 29 日百信财务咨询公司发生培训成本 15,000 元（均为培训人员薪酬），估计今后还会发生培训成本 30,000 元。百信财务咨询公司按实际发生的成本占总成本的比例来确定劳务完工程度。

【业务流程】

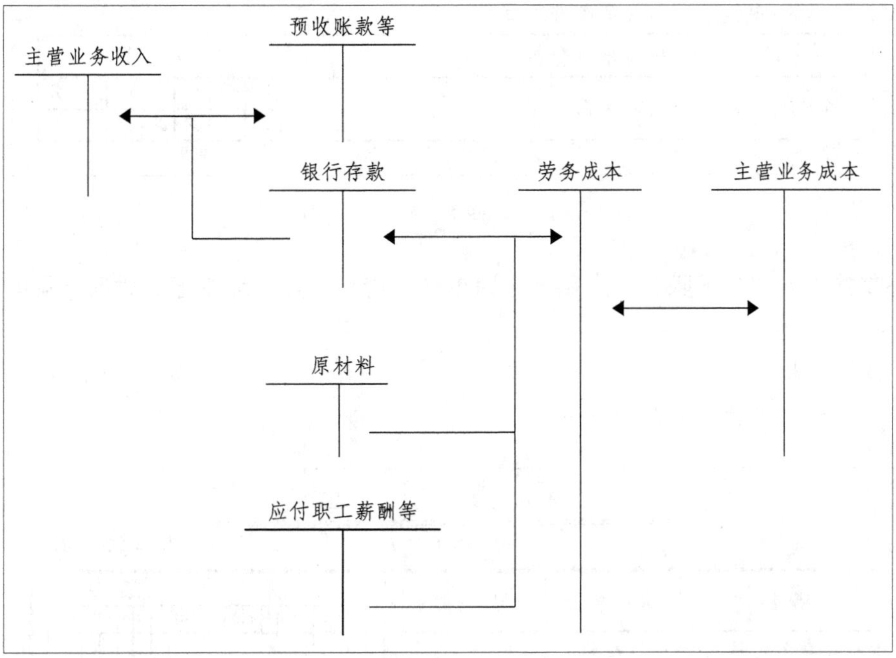

劳务收入业务流程图

【业务操作】

任务 1：预收劳务收入业务的核算。

要求：能正确核算预收劳务收入。

1.2012 年 1 月 1 日收到华润公司预付培训费 20,000 元的转账支票 1 张。出纳将转账支票送存银行，将进账单回单联（见图 2—1）带回，并出具收款收据（见图 2—2）。

转账进账单（回单或收账通知）　1

2012年1月1 日　　　　第　　号

签发人	全　称	南京华润有限公司	收款人	全　称	南京百信财务咨询公司
	账　号	4303022050612776668		账　号	32003780054612344568
	开户银行	工行玄武支行		开户银行	建行紫金支行行号
人民币（大写）		贰万元整		千百十万千百十元角分	¥2000000
票据种类		转账支票			
票据张数		1张			
单位主管　会计　复核　记账				出票人开户行盖章	

中国建设银行南京支行　2012年1月1日　办讫章

图 2—1

收 款 收 据

2012年1月1日　　　　编号：45765762

交款人(单位)	南京华润有限公司							
摘　　要	预付培训费							
金额(大写)	贰万元正	万	千	百	十	元	角	分
		2	0	0	0	0	0	0

主管　　　　会计　　　　出纳 常丽

图 2－2

2. 将收款收据“存根联”和进账单“回单联”传给会计，编制记账凭证（见图 2—3）。会计分录：

借：银行存款　　　　20,000

　　贷：预收账款——华润公司　　　　20,000

记 账 凭 证

2012年 1 月 1 日　　　　顺序号第 6 号

摘要	总账科目	明细科目	√	借方（千百十万千百十元角分）	贷方（千百十万千百十元角分）
预收远扬公司培训费	银行存款			2000000	
	预收账款	华润公司			2000000
合　　计				¥2000000	¥2000000

附件 2 张

会计主管　　　　记账　　　　稽核　　　　填制 吕莹

图 2－3

3. 将记账凭证提交会计主管稽核，审核后会计主管签章（见图 2—4），据以记账。

记 账 凭 证

2012年 1 月 1 日　　　　顺序号第 6 号

摘要	总账科目	明细科目	√	借方（千百十万千百十元角分）	贷方（千百十万千百十元角分）
预收远扬公司培训费	银行存款			2000000	
	预收账款	华润公司			2000000
合　　计				¥2000000	¥2000000

附件 2 张

会计主管　　　　记账　　　　稽核 林薇　　　　填制 吕莹

图 2－4

任务 2：发生劳务成本的核算。

要求：能正确核算发生的劳务成本。

1. 至 2012 年 2 月，发生培训成本 15,000 元，均为培训人员薪酬，业务部门编制劳务报酬发放表（见图 2—5）。

劳务报酬结算表

2012年2月20日

姓　名	劳务种类	劳务时间（天）	劳务费金额（元）
张朝辉	培训	8	5,000.00
廖静	培训	8	5,000.00
李小雅	培训	8	5,000.00
林文斟	培训	8	5,000.00
周心怡	培训	8	5,000.00

填制人：华维　　审批：钱峻

图 2—5

2. 会计部门根据实际发生的培训支出确认劳务成本，编制记账凭证（见图 2—6）。

会计分录：

借：劳务成本——培训业务　　15,000

　　贷：应付职工薪酬——工资　　15,000

记　账　凭　证

2012 年 2月20日　　顺序号第120号

摘要	总账科目	明细科目	√	借方（千百十万千百十元角分）	贷方（千百十万千百十元角分）
计算应付职工培训费	劳务成本	培训业务		1500000	
	应付职工薪酬	工资			1500000
合　计				¥1500000	¥1500000

附件 1 张

会计主管　　记账　　稽核　　填制 吕莹

图 2—6

3. 根据记账凭证登记各明细账（见图 2—7）。

劳务成本明细账

2012年		凭证		摘要	咨询业务										培训业务										代理记账业务										余额										√
月	日	种类	号数		千	百	十	万	千	百	十	元	角	分	千	百	十	万	千	百	十	元	角	分	千	百	十	万	千	百	十	元	角	分	千	百	十	万	千	百	十	元	角	分	
2	20	记	120	计算培训成本														1	5	0	0	0	0	0														1	5	0	0	0	0	0	

图 2－7

任务 3：确认主营业务收入并结转主营业务成本。

要求：能正确确认主营业务收入并结转主营业务成本。

1. 2012 年 2 月 29 日会计部门编制劳务收入计算表（见图 2—8），确认主营业务收入并借转主营业务成本，编制会计分录（见图 2—9，2—10）。

劳务报酬结算表

2012年2月20日

姓　名	劳务种类	劳务时间（天）	劳务费金额（元）
张朝辉	培训	8	5,000.00
廖静	培训	8	5,000.00
李小雅	培训	8	5,000.00
林文斟	培训	8	5,000.00
周心怡	培训	8	5,000.00

填制人：华维　　　审批：钱峻

图 2－8

会计分录：

借：预收账款　　20,000

　　贷：主营业务收入　　20,000

借：主营业务成本　　15,000

　　贷：劳务成本　　15,000

记　账　凭　证

2012 年 2 月 29 日　　顺序号第 135 号

摘要	总账科目	明细科目	√	借方	贷方
确认分期劳务收入	预收账款	华润公司		2000000	
	主营业务收入	培训业务			2000000
合　计				¥2000000	¥2000000

附件 1 张

会计主管　　记账　　稽核　　填制 吕莹

图 2－9

记　账　凭　证

2012 年 2 月 29 日　　顺序号第 136 号

摘要	总账科目	明细科目	√	借方	贷方
结转主营业务成本	主营业务成本	培训业务		1500000	
	劳务成本	培训业务			1500000
合　计				¥1500000	¥1500000

附件　张

会计主管　　记账　　稽核　　填制 吕莹

图 2－10

3．根据审核后的记账凭证登记各明细账（见图 2—11、图 2—12、图 2—13）。

主营业务收入明细账

2012年 月	日	凭证 种类	号数	摘要	咨询业务	培训业务	代理记账业务	余额	√
2	29	记	135	确认收入		2000000		2000000	

图 2－11

主营业务收入明细账

2012年		凭证		摘要	咨询业务										培训业务										代理记账业务										余额										√
月	日	种类	号数		千	百	十	万	千	百	十	元	角	分	千	百	十	万	千	百	十	元	角	分	千	百	十	万	千	百	十	元	角	分	千	百	十	万	千	百	十	元	角	分	
2	29	记	136	结转成本														1	5	0	0	0	0	0														1	5	0	0	0	0	0	

图 2－12

劳务成本明细账

2012年		凭证		摘要	咨询业务										培训业务										代理记账业务										余额										√
月	日	种类	号数		千	百	十	万	千	百	十	元	角	分	千	百	十	万	千	百	十	元	角	分	千	百	十	万	千	百	十	元	角	分	千	百	十	万	千	百	十	元	角	分	
2	20	记	120	计算培训成本														1	5	0	0	0	0	0														1	5	0	0	0	0	0	
	29	记	136	红字结转														1	5	0	0	0	0	0																		0			

图 2－13

【活动任务】

精工安装公司于 2012 年 3 月 10 日起接受 1 项设备安装业务，该业务为一次完成，合同总价为 10,000 元，实际发生安装成本 5,800 元。

要求： 完成精工公司相关经济业务的会计处理。

借：银行存款（或应收账款）　　10,000

　　贷：主营业务收入　　10,000

借：主营业务成本　　5,800

　　贷：银行存款等　　5,800

【业务精要】

如上述安装劳务需花费一段时间（不超过本会计期间）才能完成，则应在提供劳务发生有关支出时通过“劳务成本”账户核算。

模块二　劳务收入确认与计量知识

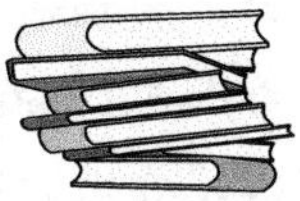

学习目标

1. 在资产负债表日对交易结果作出可靠估计的劳务收入确认与计量
2. 在资产负债表日对不能对交易结果作出可靠估计的劳务收入确认与计量

工作任务

1. 确认与计量资产负债表日能对交易结果作出可靠估计的劳务收入
2. 确认与计量资产负债表日不能对交易结果作出可靠估计的劳务收入

【范例任务1】

甲公司于2012年12月1日接受一项设备安装任务，安装期为3个月，合同总收入300,000元，至年底已预收安装费220,000元，实际发生安装费用140,000元（假定均为安装人员薪酬），估计还会发生60,000元。年末确认这项安装劳务的收入。

提供劳务收入的确认和计量

企业提供劳务的收入，可以在劳务完成时确认，也可以按完工比例确认。企业在确认劳务收入时，应按确定的收入金额记入“应收账款”、“银行存款”等账户的借方，记入“主营业务收入”账户的贷方。

【业务操作】

任务1：资产负债表日，能够对提供的交易结果作出可靠的估计。

要求：能理解对交易结果，作出可靠估计的劳务收入确认和计量方法。

企业在资产负债表日提供劳务交易的结果能够可靠估计的，应当采用完工百分比法确认提供劳务收入。

一、提供劳务交易结果能够可靠估计的条件

提供劳务交易的结果能够可靠估计，是指同时满足下列条件：

(1) 收入的金额能够可靠地计量，是指提供劳务收入的总额能够合理地估计。通常情况下，企业应当按照接受劳务方已收或应收的合同或协议价款确定提供劳务收入总额。随

着劳务的不断提供，可能会根据实际情况增加或减少已收或应收的合同或协议价款，此时，企业应及时调整提供劳务收入总额。

（2）相关的经济利益很可能流入企业，是指提供劳务收入总额收回的可能性大于不能收回的可能性。企业在确定提供劳务收入总额能否收回时，应当结合接受劳务方的信誉、以前的经验以及双方就结算方式和期限达成的合同或协议条款等因素，综合进行判断。

企业在确定提供劳务收入总额收回的可能性时，应当进行定性分析。如果确定提供劳务收入总额收回的可能性大于不能收回的可能性，即可认为提供劳务收入总额很可能流入企业。通常情况下，企业提供的劳务符合合同或协议要求，接受劳务方承诺付款，就表明提供劳务收入总额收回的可能性大于不能收回的可能性。如果企业判断提供劳务收入总额不是很可能流入企业，应当提供确凿证据。

（3）交易的完工进度能够可靠地确定，是指交易的完工进度能够合理地估计。企业确定提供劳务交易的完工进度，可以选用下列方法：

①已完工作的测量，这是一种比较专业的测量方法，由专业测量师对已经提供的劳务进行测量，并按一定方法计算确定提供劳务交易的完工程度。

②已经提供的劳务占应提供劳务总量的比例，这种方法主要以劳务量为标准确定提供劳务交易的完工程度。

③已经发生的成本占估计总成本的比例，这种方法主要以成本为标准确定提供劳务交易的完工程度。只有反映已提供劳务的成本才能包括在已经发生的成本中，只有反映已提供或将提供劳务的成本才能包括在估计总成本中。

（4）交易中已发生和将发生的成本能够可靠地计量，是指交易中已经发生和将要发生的成本能够合理地估计。企业应当建立完善的内部成本核算制度和有效的内部财务预算及报告制度，准确地提供每期发生的成本，并对完成剩余劳务将要发生的成本做出科学、合理地估计。同时应随着劳务的不断提供或外部情况的不断变化，随时对将要发生的成本进行修订。

二、完工百分比法的具体应用

完工百分比法是指按照提供劳务交易的完工进度确认收入和费用的方法。运用这种方法，确认的提供劳务收入金额，能够提供各个会计期间关于提供劳务交易及其业绩的有用信息。

企业应当在资产负债表日按照提供劳务收入总额乘以完工进度扣除以前会计期间累计已确认提供劳务收入后的金额，确认当期提供劳务收入；同时，按照提供劳务估计总成本乘以完工进度扣除以前会计期间累计已确认劳务成本后的金额，结转当期劳务成本。用公式表示如下：

本期确认的提供劳务收入＝劳务收入总额×完工进度－以前会计期间累计已确认提供劳务收入

本期确认的提供劳务成本＝提供劳务预计成本总额×完工进度－以前会计期间累计已确认提供劳务成本

在采用完工百分比法确认提供劳务收入的情况下，企业应按计算确定的提供劳务收入金额，借记“应收账款”、“银行存款”等科目，贷记“主营业务收入”科目。结转提供劳务成本时，借记“主营业务成本”科目，贷记“劳务成本”科目。

[例 2－1] 甲公司于 2012 年 12 月 1 日接受一项设备安装任务，安装期为 3 个月，合同总收入 300,000 元，至年底已预收安装费 220,000 元，实际发生安装费用 140,000 元（假定均为安装人员薪酬），估计还会发生 60,000 元。假定甲公司按实际发生的成本占估计总成本的比例确定劳务的完工进度，不考虑其他因素。甲公司的账务处理如下：

实际发生的成本占估计总成本的比例＝140,000÷（140,000＋60,000）＝70％

2012 年 12 月 31 日确认的提供劳务收入＝300,000×70％－0＝210,000（元）

2012 年 12 月 31 日结转的提供劳务成本＝（140,000＋60,000）×70％－0＝140,000（元）

（1）实际发生劳务成本时：

借：劳务成本　　　　140,000

　　贷：应付职工薪酬　　　　140,000

（2）预收劳务款时：

借：银行存款　　　　220,000

　　贷：预收账款　　　　220,000

（3）2012 年 12 月 31 日确认提供劳务收入并结转劳务成本时：

借：预收账款　　　　210,000

　　贷：主营业务收入　　　　210,000

借：主营业务成本　　　　140,000

　　贷：劳务成本　　　　140,000

[例 2－2] 甲公司于 2012 年 10 月 1 日与乙公司签订合同，为乙公司订制一项软件，工期大约 5 个月，合同总收入 4,000,000 元。至 2012 年 12 月 31 日，甲公司已发生成本 2,200,000 元（假定均为开发人员薪酬），预收账款 2,500,000 元。甲公司预计开发该软件还将发生成本 800,000 元。2012 年 12 月 31 日，经专业测量师测量，该软件的完工进度为 60％。假定甲公司按季度编制财务报表，不考虑其他因素。甲公司的账务处理如下：

2012 年 12 月 1 日确认提供劳务收入＝4,000,000×60％－0＝2,400,000（元）

2012 年 12 月 31 日确认提供劳务成本＝（1,200,000＋800,000）×60％－0＝1,800,000（元）

（1）实际发生劳务成本时：

借：劳务成本　　　　2,200,000

　　贷：应付职工薪酬　　　　2,200,000

（2）预收劳务款项时：

借：银行存款　　　　2,500,000

　　贷：预收账款　　　　2,500,000

（3）2012 年 12 月 31 日确认提供劳务收入并结转劳务成本时：

借：预收账款　　　　2,400,000

　　贷：主营业务收入　　　　2,400,000

借：主营业务成本　　1,800,000

　　贷：劳务成本　　1,800,000

[例 2－3] 甲公司于 2010 年 4 月 1 日与乙公司签订一项咨询合同，并于当日生效。合同约定，咨询期为 2 年，咨询费为 300,000 元；乙公司分三次等额支付咨询费，第一次在项目开始时支付，第二次在项目中期支付，第三次在项目结束时支付。甲公司估计咨询劳务总成本为 180,000 元（均为咨询人员薪酬）。假定甲公司按时间比例确定完工进度，按年度编制财务报表，不考虑其他因素。甲公司各年度发生的劳务成本资料如表 2－1 所示。

表 2－1　各年度发生的劳务成本　单位：元

年　度	2010 年	2011 年	2012 年	合　计
发生的成本	70,000	90,000	20,000	180,000

甲公司的账务处理如下：

(1) 2010 年度的会计处理：

①实际发生劳务成本时：

借：劳务成本　　70,000

　　贷：应付职工薪酬　　70,000

②预收劳务款项时：

借：银行存款　　100,000

　　贷：预收账款　　100,000

③确认提供劳务收入并结转劳务成本时：

提供劳务的完工进度＝9 个月÷24 个月＝37.5%

确认提供劳务收入＝300,000×37.5%－0＝112,500（元）

结转提供劳务成本＝180,000×37.5%－0＝67,500（元）

借：预收账款　　112,500

　　贷：主营业务收入　　112,500

借：主营业务成本　　67,500

　　贷：劳务成本　　67,500

(2) 2011 年度的会计处理：

①实际发生劳务成本时：

借：劳务成本　　90,000

　　贷：应付职工薪酬　　90,000

②预收劳务款项时：

借：银行存款　　100,000

　　贷：预收账款　　100,000

③确认提供劳务收入并结转劳务成本时：

提供劳务的完工进度＝21 个月÷24 个月＝87.5%

确认提供劳务收入＝300,000×87.5%－112,500＝150,000（元）

结转提供劳务成本＝180,000×87.5%－67,500＝90,000（元）

借：预收账款　　150,000

　　贷：主营业务收入　　150,000

借：主营业务成本　　90,000

　　贷：劳务成本　　90,000

（3）2012 年度的会计处理：

①实际发生劳务成本时：

借：劳务成本　　20,000

　　贷：应付职工薪酬　　20,000

②预收劳务款项时：

借：银行存款　　100,000

　　贷：预收账款　　100,000

③确认提供劳务收入并结转劳务成本时：

借：预收账款　　37,500

　　贷：主营业务收入　　37,500

借：主营业务成本　　22,500

　　贷：劳务成本　　22,500

任务 2：资产负债表日，不能对提供的交易结果作出可靠估计。

要求：能理解对交易结果不能作出可靠估计的劳务收入确认和计量方法。

企业在资产负债表日，如不能可靠地估计所提供的劳务交易结果，则不能按完工百分比法确认收入。这时企业应正确预计已收回或将要收回的款项能弥补多少已经发生的成本，并应当分别下列情况处理：

1. 已经发生的劳务成本预计能够得到补偿的，应当按照已经发生的劳务成本金额确认提供劳务收入，并按相同金额结转劳务成本。在这种情况下，企业应按已经发生的劳务成本金额，借记“应收账款”、“预收账款”等科目，贷记“主营业务收入”科目；同时，借记“主营业务成本”科目，贷记“劳务成本”科目。

2. 已经发生的劳务成本预计全部不能得到补偿的，应当将已经发生的劳务成本计入当期损益，不确认提供劳务收入。在这种情况下，企业应按已经发生的劳务成本金额，借记“主营业务成本”科目，贷记“劳务成本”科目。

［**例 2－4**］甲公司于 2012 年 11 月 1 日接受乙公司委托，为其培训一批学员，培训期为 6 个月，当日开学。协议约定，乙公司应向甲公司支付的培训费总额为 60,000 元，分三次等额支付，第一次在开学时预付，第二次在 2013 年 2 月 1 日支付，第三次在培训结束时支付。当日，乙公司预付第一次培训费。

2012 年 12 月 31 日，甲公司得知乙公司经营发生困难，后两次培训费能否收回难以确定。因此，甲公司只将已经发生的培训成本 15,000 元（假定均为培训人员薪酬）中能够得到补偿的部分（即 15,000 元）确认为收入，将发生的 15,000 元成本全部确认为当年费用。假定甲公司按年度编制财务报表，不考虑其他因素。甲公司账务处理如下：

（1）2012 年 11 月 1 日收到乙公司预付的培训费时：

借：银行存款　　20,000

　　贷：预收账款　　20,000

（2）实际发生培训支出 30,000 时：

借：劳务成本　　15,000

　　贷：应付职工薪酬　　15,000

（3）2012 年 12 月 31 日确认提供劳务收入并结转劳务成本时：

借：预收账款　　15,000

　　贷：主营业务收入　　15,000

借：主营业务成本　　15,000

　　贷：劳务成本　　15,000

任务 3：同时销售商品和提供劳务交易。

要求：能核算同时销售商品和提供劳务交易的业务。

企业与其他企业签订的合同或协议，有时既包括销售商品又包括提供劳务，如销售商品的同时负责运输安装、销售软件后继续提供技术支持、设计产品同时负责生产产品等。此时，如果销售商品部分和提供劳务部分能够区分且能够单独计量的，企业应当分别核算销售商品部分和提供劳务部分，将销售商品的部分作为销售商品处理，将提供劳务的部分作为提供劳务处理；如果销售商品部分和提供劳务部分不能够区分，或虽能区分但不能够单独计量的，企业应当将销售商品部分和提供劳务部分全部作为销售商品进行会计处理。

［**例 2－5**］甲公司与乙公司签订合同，向乙公司销售一部电梯并负责安装。甲公司开出的增值税专用发票上注明的价款合计为 1,000,000 元，其中电梯销售价格为 980,000 元，安装费为 20,000 元，增值税税额为 166,000 元。电梯的成本为 560,000 元；电梯安装过程中发生安装费 20,000 元，均为安装人员薪酬。假定电梯已经安装完成并经验收合格，款项尚未收到；安装工作是销售合同的重要组成部分。甲公司的账务处理如下：

（1）电梯发出结转成本 560,000 元。

借：发出商品——电梯　　560,000

　　贷：库存商品——电梯　　560,000

（2）实际发生安装费用 20,000 元。

借：劳务成本——电梯安装　　20,000

　　贷：应付职工薪酬　　20,000

（3）确认销售电梯收入 980,000 元并结转销售商品成本。

借：应收账款——乙公司　　1,146,600

　　贷：主营业务收入——销售电梯　　980,000

　　　　应交税费——应交增值税（销项税额）　　166,600

借：主营业务成本——销售电梯　　560,000
　　贷：发出商品——电梯　　560,000

(4) 确认提供劳务收入20,000元，并结转安装成本。

借：应收账款——乙公司　　20,000
　　贷：主营业务收入——销售电梯　　20,000

借：主营业务成本——电梯安装劳务　　12,000
　　贷：劳务成本——电梯安装劳务　　12,000

【范例任务2】

建造合同收入的确认和计量

某建筑企业签订了一项总金额为2,700,000元的固定造价合同，合同完工进度按照累计实际发生的合同成本占合同预计总成本的比例确定。工程已于2010年2月开工，预计2012年9月完工。最初预计的工程总成本为2,500,000元，到2011年底，由于材料价格上涨等因素调整了预计总成本，预计工程总成本已为3,000,000元。该建筑企业于2012年7月提前两个月完成了建造合同，工程质量优良，客户同意支付奖励款300,000元。

任务1：建造合同的类型。

要求：能理解判断建造合同的类型。

建造合同是指为建造一项或数项在设计、技术、功能、最终用途等方面密切相关的资产而订立的合同。其中，所建造的资产主要包括房屋、道路、桥梁、水坝等建筑物，以及船舶、飞机、大型机械设备等。从事这类活动的企业其生产活动、经营方式不同于一般工商企业，有其特殊性：(1) 这类企业所建造或生产的产品通常体积巨大，如建造的房屋、道路、桥梁、水坝等，或生产的飞机、船舶、大型机械设备等。(2) 建造或生产产品的周期比较长，往往跨越一个或几个会计期间。(3) 所建造或生产的产品的价值比较大。因此，在现实经济生活中，这类企业在开始建造或生产产品之前，通常要与产品的需求方（即客户）签订建造合同。建造合同是指为建造一项或数项在设计、技术、功能、最终用途等方面密切相关的资产而订立的合同。合同的甲方称为客户，乙方称为建造承包商。

建造合同分为固定造价合同和成本加成合同。固定造价合同指按照固定的合同价或固定单价确定工程价款的建造合同。成本加成合同是指以合同允许或其他方式议定的成本为基础，加上该成本的一定比例或定额费用确定工程价款的建造合同。固定造价合同与成本加成合同的主要区别在于风险的承担者不同。前者的风险主要由建造承包方承担，后者主要由发包方承担。

任务2：建造合同收入与合同成本。

要求：能准确计量建造合同收入与合同成本。

一、合同收入的组成

合同收入包括两部分内容：(1) 合同规定的初始收入。即建造承包商与客户签订的合同中最初商定的合同总金额，它构成了合同收入的基本内容。(2) 因合同变更、索赔、奖励等形成的收入。

合同变更是指客户为改变合同规定的作业内容而提出的调整。合同变更款同时满足下列条件的，才能构成合同收入：(1) 客户能够认可因变更而增加的收入。(2) 该收入能够可靠地计量。例如，某建造承包商与客户签订了一项建造图书馆的合同，建设期 3 年。第二年，客户要求将原设计中采用的铝合金门窗改为塑钢门窗，并同意增加合同造价 50 万元。本例中，建造承包商可在第二年将因合同变更而增加的收入 50 万元认定为合同收入的组成部分；假如建造承包商认为此项变更应增加造价 50 万元，但双方最终只达成增加造价 40 万元的协议，则只能将 40 万元认定为合同收入的组成部分。

索赔款是指因客户或第三方的原因造成的、向客户或第三方收取的、用以补偿不包括在合同造价中成本的款项。索赔款同时满足下列条件的，才能构成合同收入：(1) 根据谈判情况，预计对方能够同意该项索赔。(2) 对方同意接受的金额能够可靠地计量。例如，某建造承包商与客户签订了一项建造水电站的合同。合同规定的建设期是 2009 年 1 月至 2012 年 12 月。该合同还规定，发电机由客户采购，于 2011 年 10 月交付建造承包商进行安装。该项合同在执行过程中，客户于 2012 年 1 月才将发电机交付建造承包商。建造承包商因客户交货延期要求客户支付延误工期款 150 万元。本例中，假如客户不同意支付延误工期款，则不能将 150 万元计入合同总收入；假如客户只同意支付延误工期款 100 万元，则只能将 100 万元认定为合同收入的组成部分。

奖励款是指工程达到或超过规定的标准，客户同意支付的额外款项。奖励款同时满足下列条件的，才能构成合同收入：(1) 根据合同目前完成情况，足以判断工程进度和工程质量能够达到或超过规定的标准。(2) 奖励金额能够可靠地计量。例如，某建造承包商与客户签订一项建造大桥的合同，合同规定的建设期为 2010 年 10 月 25 日至 2012 年 10 月 25 日。2012 年 7 月，主体工程已基本完工，工程质量符合设计要求，有望提前 3 个月竣工，客户同意向建造承包商支付提前竣工奖 100 万元。本例中，假如该项合同的主体工程虽于 2012 年 7 月基本完工，但是经工程监理人员认定，工程质量未达到设计要求，还需进一步施工，则不能认定奖励款构成合同收入。

二、合同成本的组成

合同成本是指为建造某项合同而发生的相关费用，合同成本包括从合同签订开始至合同完成止所发生的、与执行合同有关的直接费用和间接费用。这里所说的“直接费用”是指为完成合同所发生的、可以直接计入合同成本核算对象的各项费用支出；“间接费用”是指为完成合同所发生的、不宜直接归属于合同成本核算对象而应分配计入有关合同成本核算对象的各项费用支出。实务中，间接费用的分配方法主要有人工费用比例法、直接费用比例法等。与合同有关的零星收益，即在合同执行过程中取得的，非经常性的零星收益，如完成合同后处置残余物资取得的收益，不应计入合同收入而应冲减合同成本。

（1）直接费用的组成。合同的直接费用包括四项内容：耗用的材料费用、耗用的人工费用、耗用的机械使用费和其他直接费用。

耗用的材料费用主要包括施工生产过程中耗用的构成工程实体或有助于形成工程实体的原材料、辅助材料、构配件、零件、半成品的成本和周转材料的摊销及租赁费用。周转材料是指企业在施工过程中能多次使用并可基本保持原来的实物形态而逐渐转移其价值的材料，如施工中使用的模版、挡板和脚手架等。

耗用的人工费用主要包括从事工程建造的人员的工资、奖金、福利费、工资性质的津贴等支出。

耗用的机械使用费主要包括施工生产过程中使用自有施工机械所发生的机械使用费、租用外单位施工机械支付的租赁费和施工机械的安装、拆卸和进出场费。

其他直接费用是指在施工过程中发生的除上述三项直接费用以外的其他可以直接计入合同成本核算对象的费用。主要包括有关的设计和技术援助费用、施工现场材料的二次搬运费、生产工具和用具使用费、检验试验费、工程定位复测费、工程点交费用、场地清理费用等。

（2）间接费用的组成。间接费用主要包括临时设施摊销费用和企业下属的施工、生产单位组织和管理施工生产活动所发生的费用，如管理人员薪酬、劳动保护费、固定资产折旧费及修理费、物料消耗、取暖费、水电费、办公费、差旅费、财产保险费、工程保修费、排污费等。这里所说的"施工单位"是指建筑安装企业的施工队、项目经理部等；"生产单位"是指船舶、飞机、大型机械设备等制造企业的生产车间。这些单位可能同时组织实施几项合同，其发生的费用应由这几项合同的成本共同负担。

（3）不计入合同成本的各项费用。各项期间费用，应在发生时计入当期损益，不计入建造合同成本。

任务3：合同收入与合同费用的确认。

要求：能确认合同收入与合同费用。

合同收入与合同费用确认的基本原则是：（1）如果建造合同的结果能够可靠估计，企业应根据完工百分比法在资产负债表日确认合同收入和合同费用。（2）如果建造合同的结果不能够可靠估计，应分两种情况进行处理：合同成本能够收回的，合同收入根据能够收回的实际合同成本金额予以确认，合同成本在其发生的当期确认为合同费用；合同成本不可能收回的，应在发生时立即确认为合同费用，不确认合同收入。

合同预计总成本超过合同总收入的，应当将预计损失确认为当期费用。

【业务操作】

一、结果能够可靠估计的建造合同

建造合同的结果能够可靠估计的，企业应根据完工百分比法在资产负债表日确认合同收入和合同费用。完工百分比法是根据合同完工进度确认合同收入和费用的方法，运用这种方法确认合同收入和费用，能为报表使用者提供有关合同进度及本期业绩的有用信息。

某建筑企业签订了一项总金额为2,700,000元的固定造价合同，合同完工进度按照累计实际发生的合同成本占合同预计总成本的比例确定。工程已于2010年2月开工，预计2012年9月完工。最初预计的工程总成本为2,500,000元，到2011年底，由于材料价格上涨等因素调整了预计总成本，预计工程总成本已为3,000,000元。该建筑企业于2012年7月提前两个月完成了建造合同，工程质量优良，客户同意支付奖励款300,000元。建造该工程的其他有关资料如表2－2所示。

表2－2　　单位：元

项　　目	2010年	2011年	2012年
累计实际发生成本	800,000	2,100,000	2,950,000
预计完成合同尚需发生成本	1,700,000	900,000	—
结算合同价款	1,000,000	1,100,000	900,000
实际收到价款	800,000	900,000	1,300,000

该建筑企业对本项建造合同的有关账务处理如下（为简化起见，会计分录以汇总数反映，有关纳税业务的会计分录略）：

（1）2010年账务处理如下：

登记实际发生的合同成本：

借：工程施工——合同成本　　800,000

　　贷：原材料、应付职工薪酬、机械作业等　　800,000

登记已结算的合同价款：

借：应收账款　　1,000,000

　　贷：工程结算　　1,000,000

登记实际收到的合同价款：

借：银行存款　　800,000

　　贷：应收账款　　800,000

确认计量当年的合同收入和费用，并登记入账：

2010年的完工进度＝800,000÷（800,000＋1,700,000）×100%＝32%

2010年确认的合同收入＝2,700,000×32%＝864,000（元）

2010年确认的合同费用＝（800,000＋1,700,000）×32%＝800,000（元）

2010年确认的合同毛利＝864,000－800,000＝64,000（元）

借：主营业务成本　　800,000

　　工程施工——合同毛利　　64,000

　　贷：主营业务收入　　864,000

（2）2011年的账务处理如下：

登记实际发生的合同成本：

借：工程施工——合同成本　　1,300,000

　　贷：原材料、应付职工薪副、机械作业等　　1,300,000

登记结算的合同价款：

借：应收账款　　1,100,000

　　贷：工程结算　　1,100,000

登记实际收到的合同价款：

借：银行存款　　900,000

　　贷：应收账款　　900,000

注：在2011年底，由于该合同预计总成本（3,000,000元）大于合同总收入（2,700,000元），预计发生损失总额为300,000元，由于已在“工程施工—合同毛利”中反映了－210,000（64,000－274,000）元的亏损，因此应将剩余的、为完成工程将发生的预计损失90,000元确认为当期费用。

借：主营业务成本　　1,300,000

　　贷：主营业务收入　　1,026,000

　　　　工程施工——合同毛利　　274,000

借：资产减值损失　　90,000

　　贷：存货跌价准备　　90,000

（3）2012年的账务处理如下：

登记实际发生的合同成本：

借：工程施工——合同成本　　850,000

　　贷：原材料、应付职工薪酬、机械作业等　　850,000

登记结算的合同价款：

借：应收账款　　900,000

　　贷：工程结算　　900,000

登记实际收到的合同价款：

借：银行存款　　1,300,000

　　贷：应收账款　　1,300,000

确认计量当年的合同收入和费用，并登记入账：

2012年确认的合同收入＝（2,700,000＋300,000）－（864,000＋1,026,000）

＝1,110,000（元）

2012年确认的合同费用＝2,950,000－800,000－1,300,000

＝850,000（元）

2012年确认的合同毛利＝1,110,000－850,000

＝260,000（元）

借：主营业务成本　　850,000

　　工程施工——合同毛利　　260,000

　　贷：主营业务收入　　1,110,000

2012年工程全部完工，应将“存货跌价准备”科目相关余额冲减“主营业务成本”，将“工程施工”科目的余额与“工程结算”科目的余额相对冲：

借：存货跌价准备　　90,000
　贷：主营业务成本　　90,000
借：工程结算　　3,000,000
　贷：工程施工——合同成本　　2,950,000
　　　　　　——合同毛利　　50,000

二、结果不能可靠估计的建造合同

如果建造合同的结果不能可靠估计，则不能采用完工百分比法确认和计量合同收入和费用，而应区别以下两种情况进行会计处理：（1）合同成本能够收回的，合同收入根据能够收回的实际合同成本予以确认，合同成本在其发生的当期确认为合同费用。（2）合同成本不可能收回的，应在发生时立即确认为合同费用，不确认合同收入。

【活动任务】

1. 美华培训公司于2011年12月25日接受A公司委托，为其培训一批学员，培训期2012年1月—6月。协议约定培训费60,000元，分3此等额支付，支付期为2012年1月1日、3月1日及6月30日，至2月29日已发生培训成本15,000元（均为培训人员薪酬）。

借：银行存款　　20,000
　贷：预收账款——A公司　　20,000
借：劳务成本——培训业务　　15,000
　贷：应付职工薪酬——工资　　15,000
借：预收账款　　20,000
　贷：主营业务收入　　20,000
借：主营业务成本　　15,000
　贷：劳务成本——培训业务　　15,000

2. 立达建筑公司签订了一项总金额为1,000万元的固定造价合同，合同规定工期3年。假定第一年完工进度为30%，第二年完工进度为80%。经测定前2年合同预计总成本均为800万元。第三年工程全部完成，累计实际发生合同成本750万元。

要求： 根据上述资料核算立达建筑公司各期合同收入及费用并完成相关会计处理。

第1年确认合同收入＝1,000×30%＝300（万元）

第1年确认合同毛利＝（1,000－800）×30%＝60（万元）

第1年确认合同费用＝300－60＝240（万元）

借：主营业务成本　　2,400,000
　工程施工——合同毛利　　60,000

贷：主营业务收入 3,000,000

第 2 年确认合同收入＝1,000×80%－300＝500（万元）

第 2 年确认合同毛利＝（1,000－800）×80%－60＝100（万元）

第 2 年确认合同费用＝500－100＝400（万元）

借：主营业务成本 4,000,000

工程施工——合同毛利 1,000,000

贷：主营业务收入 5,000,000

第 3 年确认合同收入＝1,000－300－500＝200（万元）

第 3 年确认合同毛利＝（1,000－750）－60－100＝90（万元）

第 3 年确认合同费用＝200－90＝110（万元）

借：主营业务成本 1,100,000

工程施工——合同毛利 90,000

贷：主营业务收入 2,000,000

【业务精要】

企业提供劳务的种类很多，如旅游、运输、饮食、广告、咨询、代理、培训、产品安装等。有的劳务能一次完成，并且一般为现金交易，如旅游、理发、照相等；有的劳务需花费一段较长的时间才能完成，如安装、旅游、培训、远洋等。企业提供劳务收入的确认原则因劳务完成时间的不同而不同。

【业务训练】

1. 甲公司于 2011 年 12 月 1 日接受一项网络安装工程任务，安装期为 3 个月，合同总收入为 500,000 元，至年底已预收安装费用 250,000 元，实际发生安装费用为 270,000 元（假定均为安装人员薪酬），预计完成该工程的总成本为 300,000 元。假定甲公司按实际发生的成本占估计总成本的比例确定劳务完工进度，不考虑其他因素。

要求：确定甲公司 2007 年的账务处理。

2. A 公司于 2012 年 9 月 10 日为客户研制一项管理用软件，工期为半年，合同总收入为 500,000 元。至 2012 年 12 月 31 日已发生成本 300,000 元（假设全部用银行存款支付），预计完成该项目的总成本为 350,000 元。2012 年 12 月 31 日经专业人员测量，该工程已完成 80%。A 公司在开工时预收账款 250,000 元。

要求：编制有关会计分录。

（1）计算 A 公司 2012 年度应确认的收入和费用。

（2）编制有关会计分录。

项目三　让渡资产使用权收入核算

企业常见的让渡资产使用权收入有利息收入、企业转让无形资产使用权形成的使用费收入、对外出租固定资产收取的租金等形式。

项目 目标与要求

最终目标：

- 能熟悉各类让渡资产使用权收入的核算

促成目标：

- 熟悉企业让渡资产使用权收入业务流程和原始凭证
- 核算让渡资产使用权收入业务

项目 工作任务

- 熟悉企业让渡资产使用权收入业务流程和原始凭证
- 核算企业让渡资产使用权收入业务

项目 任务书

项目模块	工作任务	课时
模块 1 让渡资产使用权收入核算的业务操作	任务 1　收到使用费收入	1
	任务 2　转账支票送存银行	1
	任务 3　编制使用费收入记账凭证	1
	任务 4　根据审核后记账凭证登账	1
模块 2 让渡资产使用权收入确认与计量知识	任务 1　让渡资产使用权收入确认与计量	1
	任务 2　主要让渡资产使用权收入编制分录	1

模块一　让渡资产使用权收入核算的业务操作

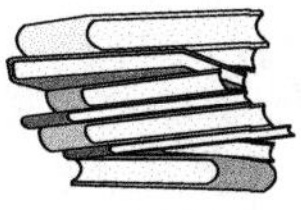

学习目标

1. 能熟悉让渡资产使用权收入业务流程图
2. 掌握让渡资产使用权收入核算的具体业务操作
3. 掌握让渡资产使用权收入的确认与计量

工作任务

1. 让渡资产使用权收入业务流程图
2. 核算以转让专利使用权收入为例的确认收入并收款业务

【知识导入】

什么是让渡资产使用权收入

让渡资产使用权收入是指企业通过让渡资产使用权实现的收入。企业常见的让渡资产使用权收入包括有利息收入和使用费收入。利息收入是指金融企业对外贷款形成的利息收入以及同业之间发生往来形成的利息收入。使用费收入主要指企业转让无形资产使用权形成的使用费收入、对外出租固定资产收取的租金、进行债权投资收取的利息、进行股权投资收取的现金股利等。

【范例任务】

2011 年 12 月 25 日南京神州食品公司向南京金都饮料公司转让其商品的商标使用权，约定南京金都公司每年年末按年收入的 10%支付使用费，使用期 6 年。2012 年，南京金都公司实现销售收入 1,500,000 元。南京神州公司于 2012 年 12 月 31 日收到使用费，假定不考虑其他因素。

【业务流程】

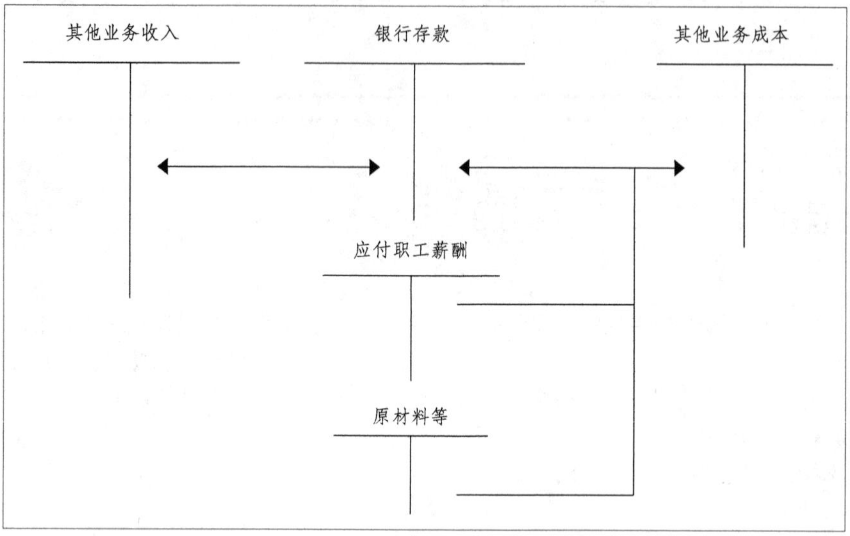

让渡资产使用权收入业务流程图

【业务操作】

任务 1：让渡资产使用权收入的原始凭证。

南京神州公司 2012 年 12 月 31 日收到南京金都公司支付使用费转账支票（见图 3－1）150,000 元。

要求：熟悉让渡资产使用权收入的原始凭证。

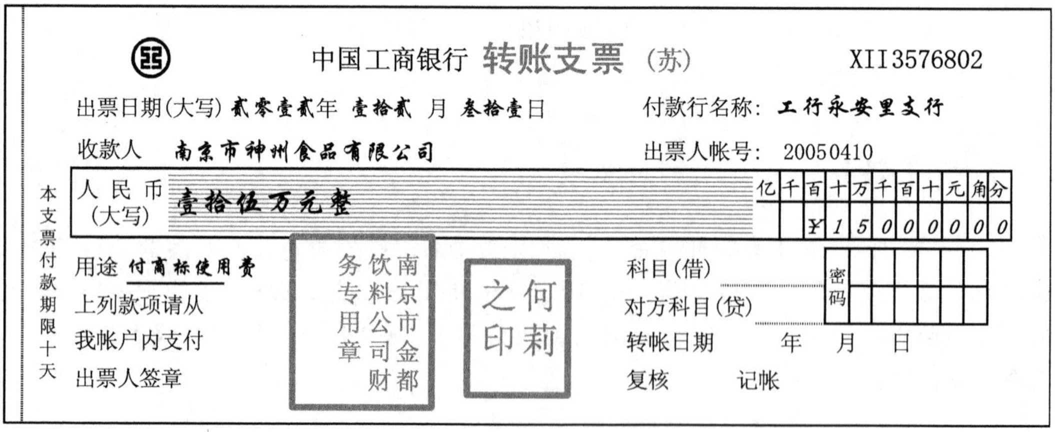

中国工商银行 转账支票 （苏） XII3576802

出票日期(大写) 贰零壹贰年 壹拾贰 月 叁拾壹日　付款行名称：工行永安里支行

收款人 南京市神州食品有限公司　出票人帐号：20050410

本支票付款期限十天

人民币(大写)	亿	千	百	十	万	千	百	十	元	角	分
壹拾伍万元整			¥	1	5	0	0	0	0	0	0

用途 付商标使用费　科目(借)

上列款项请从　对方科目(贷)　密码

我帐户内支付　转帐日期 年 月 日

出票人签章　复核 记帐

南京金都饮料公司财务专用章　何莉之印

图 3－1

任务 2：出纳将转账支票送存银行，将进账单“回单联”（见图 3－2）带回。

要求：能正确办理让渡资产使用权收入的进帐收款。

转账进账单（回单或收账通知）　　1

2012年12月31日　　　　第　　号

签发人	全　称	南京神州食品有限公司	收款人	全　称	南京金都饮料公司
	账　号	4.30102E+18		账　号	32001598378005461234
	开户银行	工行永安支行		开户银行	建行浦口支行行号
人民币（大写）	壹拾伍万元整			千百十万千百十元角分	¥15000000
票据种类	转账支票				
票据张数	1张				
单位主管　会计　复核　记账			出票人开户行盖章		

中国建设银行浦口支行　2012年12月31日　办讫讫

图 3－2

任务 3：将进账单“回单联”传给会计，编制记账凭证（见图 3—3）。

要求：能正确核算让渡资产使用权收入。

会计分录：

借：银行存款　　150,000

　　贷：其他业务收入——出租无形资产　　150,000

记　账　凭　证

2012 年 12 月 31 日　　顺序号第 78 号

摘要	总账科目	明细科目	√	借方	贷方
收金都公司商标使用费	银行存款			15000000	
	其他业务收入	出租无形资产			15000000
合　计				¥15000000	¥15000000

附件 1 张

会计主管　　记账　　稽核　　填制 曹敏

图 3－3

任务 4：将记账凭证提交会计主管稽核，审核后会计主管签章，据以记账（见图 3—4）。

要求：能正确登记各种账簿。

其他营业务收入明细账

2012年		凭证		摘要	销售材料										出租无形资产										出租固定资产										余额									
月	日	种类	号数		千	百	十	万	千	百	十	元	角	分	千	百	十	万	千	百	十	元	角	分	千	百	十	万	千	百	十	元	角	分	千	百	十	万	千	百	十	元	角	分
2	29	记	135	出租设备																								2	0	0	0	0	0	0				2	0	0	0	0	0	0
12	31	记	78	出租商标													1	5	0	0	0	0	0	0													1	7	0	0	0	0	0	0

图 3－4

【活动任务】

爱乐公司向某公司转让某项技术的使用费，一次性收取使用费 60,000 元，不提供后续服务，款项已收到。

要求： 完成爱乐公司确认使用费收入的会计处理。

【业务精要】

工商企业让渡资产使用权的使用费收入，一般作为其他业务收入处理；让渡资产所发生的相关成本作为其他业务成本处理。

模块二 让渡资产使用权收入确认与计量知识

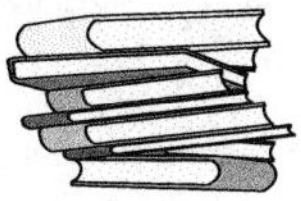

学习目标

1. 掌握确认与计量让渡资产使用权收入的方法
2. 熟悉常见让渡资产使用权收入业务的核算

工作任务

1. 确认与计量让渡资产使用权收入
2. 编制常见让渡资产使用权收入业务的分录

【范例任务】

2012 年 8 月新科技术公司向 B 企业转让某项软件的使用权，一次性收费 300,000 元，不提供后续服务。

【业务操作】

任务 1：让渡资产使用权收入的确认与计量。

要求：能正确确认与计量让渡资产使用权收入。

让渡资产使用权收入，主要包括利息收入、使用费收入等。

使用费收入应按有关合同协议规定的收费时间和方法确认。不同的使用费收入，其收费时间和收费方法各不相同：

有些是一次收回一笔固定的金额，如一次收取 10 年的场地使用费；有些是在协议规定的有效期内分期等额收回的，如合同规定在使用期内每期收取一笔固定的金额；还有些是分期不等额收回的，如合同规定按资产使用每期销售额的百分比收取使用费等。

如果合同、协议规定使用费一次支付，且不提供后期服务的，应视同该项资产的销售一次确认收入。如提供后期服务的，应在合同、协议规定的有效期内分期确认收入。如合同规定分期支付使用费的，应按合同规定的收款时间和金额或合同规定的收费方法计算的金额分期确认收入。

租赁成为企业经营活动中融通资金和调剂资金短缺的一种普通交易方式。企业由于生产经营的临时性或季节性需要，或出于其他方面的考虑，对于生产经营不需用的固定资产可以采用租赁的方式出租。租赁是指在约定的期间内，出租人将资产使用权让与承租人，以获得租金的协议。租赁按其性质和形式的不同可分为经营租赁和融资租赁。经营租赁是指除融资租赁以外的其他租赁。

任务 2：让渡资产使用权收入编制分录。

要求：能正确编制让渡资产使用权收入分录。

使用费收入在确认时，应按确定的收入金额记入“应收账款”、“银行存款”等科目的借方，记入“其他业务收入”或“主营业务收入”科目的贷方。

企业经营租赁租出固定资产，应通过“固定资产”、“其他业务支出”、“其他业务收入”等账户进行核算。固定资产经营租赁租出时，将其由不需用固定资产转为租出固定资产。

对于企业经营租赁租出固定资产的业务，出租企业应做如下分录：

出租时：

借：固定资产——租出固定资产

　　贷：固定资产——不需用固定资产

收到租出固定资产的租金时：

借：银行存款

　　贷：其他业务收入——固定资产租出

按月提出折旧费与大修理费用时：

借：其他业务支出——固定资产租出

　　贷：累计折旧等

对于利息收入，企业应在每个会计期末，按未收回的存款或贷款等的本金、存续期间和适当的利率计算并确认利息收入。记入“应收利息”账户的借方，同时记入“利息收入”、“金融企业往来收入”等账户的贷方。

[例 3－1] 2012 年 8 月新科技术公司企业向 B 企业转让某项软件的使用权，一次性收费 300,000 元，不提供后续服务。

新科技术公司应作如下会计处理：

借：银行存款　　　　300,000

　　贷：主营业务收入　　　　300,000

[例 3－2] 2012 年 8 月华宇电子公司企业向 A 企业转让某项专利权的使用权，转让期为 6 年，每年收取使用费 50,000 元。

华宇电子公司每年确认收入时，应作如下会计处理：

借：应收账款（或银行存款）　　　　50,000

　　贷：其他业务收入　　　　50,000

[例 3－3] 2010 年 10 月华宇电子公司企业向 B 企业转让其商品的商标使用权，合同规定 B 企业每年年末按年销售收入的 10％支付 A 企业使用费，使用期 10 年。假定 2011 年 B 企业销售收入 2,000,000 元，2012 年销售收入为 3,000,000 元，这两年的使用费均已按期支付。

则华宇电子公司企业应按下列方法确认各年收入：

第一年年末应确认使用费收入＝2,000,000×10%
＝200,000

借：银行存款　　200,000
　贷：其他业务收入　　200,000

第二年年末应确认使用费收入＝3,000,000×10%
＝300,000

借：银行存款　　300,000
　贷：其他业务收入　　300,000

【活动任务】

2012 年 1 月 1 日联想集团向 A 公司转让一专利使用权，约定转让期 5 年，每年末收取使用费 200,000 元。2012 年该专利计提的摊销额为 12,000 元。

要求：完成联想集团 2012 年相关业务的会计处理。

【业务精要】

利息收入是指金融企业对外贷款形成的利息收入以及同业之间发生往来形成的利息收入。

【业务训练】

甲公司向乙公司转让某项技术使用权，一次性收费 40,000 元，不提供后续服务。发票已开具，已经收到乙公司支付该款项的支票。

要求：假定不考虑其他因素，确定甲公司有关账务处理。

项目四　销售费用核算

根据我国《企业会计准则——基本准则》中规定，费用是指企业在日常活动中发生的、会导致所有者权益减少的、与向所有者分配利润无关的经济利益的总流出。费用具有以下特点：费用是企业日常活动中发生的经济利益的总流出；费用会导致企业所有者权益减少；费用与向所有者分配利润无关。企业的费用主要包括主营业务成本、其他业务成本、营业税金及附加、销售费用、管理费用、财务费用等。

主营业务成本、其他业务成本在本教材收入相应项目中已讲解，营业税金及附加在系列教材《纳税申报与核算》中讲解，本项目仅讲述期间费用，即销售费用、管理费用、财务费用核算。

销售费用是企业在销售产品、自制半成品和提供劳务等过程中发生的费用，属于期间费用，应在销售费用发生的当期计入当期损益。

项目 目标与要求

最终目标：

- 能正确核算销售费用

促成目标：

- 熟练辨别销售费用内容能正确核算销售费用
- 根据具体销售费用业务编制记账凭证
- 熟练登记销售费用相关账簿

项目 工作任务

- 判断是否属于销售费用
- 审核原始凭证
- 编制记账凭证
- 登记账簿

项目任务书

项目模块	工作任务	课　时
模块 1 熟练辨别销售费用内容	从企业的各项费用中分辨出销售费用	0.2
模块 2 销售费用账务处理	审核销售费用涉及的原始凭证并编制记账凭证、登记账簿	0.8

模块一　熟练辨别销售费用内容

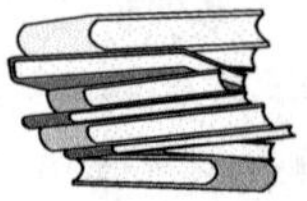

学习目标

能熟练辨别销售费用内容

工作任务

从企业的各项费用中分辨出销售费用

【知识导入】

一、什么是销售费用

销售费用是企业在销售产品、自制半成品和提供劳务等过程中发生的费用。

二、销售费用包括哪些内容

销售费用是企业销售成本的组成部分。具体包括：

1. 产品的运输费、装卸费。
2. 为产品销售而投入的广告宣传费。
3. 参加各种产品展销而开支的展览费。
4. 销售人员的工资及职工福利基金。
5. 销售部门的业务接待费。
6. 销售人员的差旅费。
7. 专设销售机构发生的各种费用。
8. 为产品销售而发生的其他费用。

三、销售费用原始凭证举例

如图 4—1、图 4—2 所示。

【范例任务】

武汉东华办公设备公司 2012 年 9 月发生下列开支：付 JO 集团技术转让费 8,000 元；印花税 80 元；公司经费 20,000 元；管理部门折旧 8,000 元；专卖店业务费 4,000 元；产品宣传费 5,000 元；银行手续费 79 元；产品展览费 1,000 元。

要求：请确认上述经济业务中哪些属于销售费用。

租入固定资产租金一览表

2012 年 12月

使用部门	固定资产类别	每月租金	累计租金
行政管理部门	汽车A	1,800.00	18,000.00
销售部门	汽车B	1,500.00	15,000.00
合　　计		3,300.00	33,000.00

审核：张鑫　　　　　　　　制表：王大力

图 4－1

上海铁路局货物运费收据

付款单位：　无锡市太湖股份有限公司　　　2012　年 12 月 14 日　　　NO.432188976

发　　站	无锡		到　　站	武汉
车种车号			标　　准	
货物名称	件数	包装	重　　量	
乙产品	300		2400kg	
类　　别	费率	数量	金　　额	
运杂费			￥1,200.00	
合计金额（大写	壹仟贰佰元整			
收款单位：无锡火车站货运部			经办人：王明	

无锡火车站货运部 财务专用章

图 4－2

【业务操作】

专卖店业务费 4,000 元；产品宣传费 5,000 元；产品展览费 1,000 元属于销售费用。

【活动任务】

武汉东华办公设备公司 2012 年 11 月发生下列开支：专设销售部门折旧 6,000 元；车间设备折旧 8,000 元；支付管理人员工资 50,000 元；业务招待费 4,000 元；产品宣传费 5,000 元；摊销借款利息 1,000 元；产品展览费 1,000 元。

要求：请确认上述经济业务中哪些属于销售费用。

模块二　销售费用账务处理

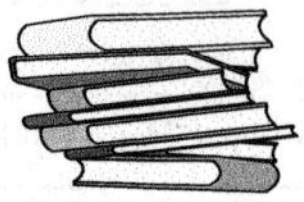

学习目标

能正确核算销售费用

工作任务

审核销售费用涉及的原始凭证并编制记账凭证、登记账簿

【知识准备】

在企业期间费用报销核算岗位，原始凭证的审核起非常重要的作用。需要熟练掌握企业各期间费用原始凭证的审核内容及对原始凭证审核结果的处理方法。

【知识导入】

销售费用账户核算哪些内容

“销售费用”账户属于损益类账户，用来核算企业在销售商品过程中发生的费用，包括运输费、装卸费、包装费、保险费、展览费和广告费以及为销售本企业商品而专设销售机构的职工工资及福利费、固定资产折旧费用、业务费等经营费用。

该账户借方登记发生的各项销售费用。贷方登记转入“本年利润”账户的销售费用。销售费用应按照费用项目设置明细分类账户进行明细分类核算。

【范例任务】

武汉东华办公设备公司 7 月 10 日以现金支付销售产品的运费 1,000 元。

要求：进行相关账务处理（不考虑相关税费）。

【业务流程】

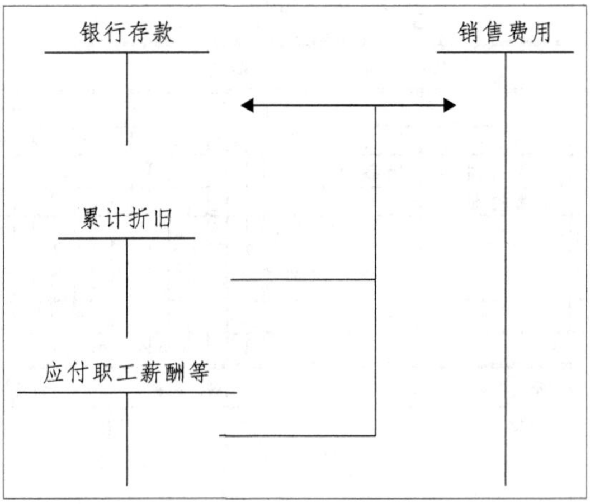

【业务操作】

1. 支付运费 1,000 元，从运输公司取得运输发票（见图 4—3）。

全国联运行业货运统一发票

发票联

开票日期 2012年7月10日　　发票代码 460157894124　　发票号码 08934175

机打代码	5799217964664646	密码区	124587478/>+<1248<-< 加密版本:01
机打号码	3487517969641354		*+--457-</148<-22-45 3844216972
机器编号	147213		*-3-65>879458136845<7+0 14785412

发货人名称	武汉市第三运输有限公司	运输费用 项目及金额	其它费用 项目及金额
纳税人识别号	463205784624917	一、自备运输工具运费 1. 公路运费 1,000.00 2. 水路运费	仓储费 包装整理费 装卸费 劳务费 票签费 小计
收货人名称	武汉市鑫源打印设备销售公司		
纳税人识别号	420199514160154		
发货站(港) 到站(港) 经由 中转	黄石磁湖 武昌站	二、代付费用 1. 铁路运费 2. 公路运费 3. 水路运费 4. 航空运费 小计 1,000.00	包干费 垫付费用 项目及金额 保险费 邮寄费 小计
货物名称 件数 计重资费 包装	打印机 200箱		
合计人民币(大写)	壹仟元整	￥1000.00	
承运人名称 纳税人识别号		主管税务机关及代码	

开票单位盖章　　开票人: 张丽霞　　收款人刘云龙　　手写无效

第三联 记账联 发货方记账凭证

图 4—3

2. 会计部门根据运输发票编制记账凭证（见图 4—4）。

借：销售费用——运输费　　1,000

贷：库存现金　　1,000

记　账　凭　证

2012 年 7 月 10 日　　记字第 1 号

摘　要	科目：总账科目	科目：明细科目	借方金额	贷方金额	√
支付运输费	销售费用	运输费	100000		√
	库存现金			100000	√
合　计			100000	100000	

附件 1 张

会计主管：　记账：　出纳：刘莉　复核：周正　制单：王丽

图 4－4

3. 根据上述记账凭证登记账簿（见图 4—5）。

销售费用明细账

2012年 月	日	凭证 种类	号数	摘　要	运输费	广告费	其他	合计	√
7	10	记	3	运费	100000			100000	

图 4－5

【活动任务】

武汉东华办公设备公司 7 月 20 日以银行存款支付广告费 5,000 元。

要求： 根据所给案例编制记账凭证并登记账簿。

1. 出纳员将“转账支票存根”（见图 4—6）传给会计填制记账凭证。

中国工商银行
转账支票存根

支票号码	XII00046614
科　目	
对方科目	
签发日期	2012 年 7 月 20 日
收款人：	环宇广告公司
金　额：	￥5000.00
用　途：	支付广告费
备　注	
单位主管	会计：王宇

图 4－6

2. 根据“转账支票存根”编制记账凭证（见图 4—7）。

借：销售费用——广告费　　5,000

　　贷：银行存款　　5,000

记　账　凭　证

2012 年 7 月 20 日　　　　记字第 5 号

摘要	科目		借方金额											贷方金额											√
	总账科目	明细科目	亿	千	百	十	万	千	百	十	元	角	分	亿	千	百	十	万	千	百	十	元	角	分	
支付广告费	销售费用	广告费						5	0	0	0	0	0												√
	银行存款																		5	0	0	0	0	0	√
合计								5	0	0	0	0	0						5	0	0	0	0	0	

附件 1 张

会计主管：　　记账：　　出纳：刘莉　　复核：周正　　制单：王丽

图 4—7

3. 根据上述记账凭证登记账簿（见图 4—8）。

销售费用明细账

2012年		凭证		摘要	运输费										广告费										其他										合计										√
月	日	种类	号数		千	百	十	万	千	百	十	元	角	分	千	百	十	万	千	百	十	元	角	分	千	百	十	万	千	百	十	元	角	分	千	百	十	万	千	百	十	元	角	分	
7	10	记	3	运费					1	0	0	0	0	0																									1	0	0	0	0	0	
7	20	记	5	广告费															5	0	0	0	0	0															6	0	0	0	0	0	

图 4—8

【业务训练】

武汉东华办公设备公司 2012 年 10 月发生下列经济业务：

(1) 5 日，销售部门张某报销差旅费 1,500 元，用现金支付（原未预借款项）。

(2) 以银行存款支付 B 产品的运输、装卸等费用 1,400 元。

(3) 30 日，计提本月销售部门固定资产的折旧费 500 元。

(4) 计算专设销售网点人员工资 43,620。

要求：根据上述业务编制通用记账凭证。

项目五　管理费用核算

管理费用是指企业为组织和管理生产经营活动所发生的各种费用。包括企业的董事会和行政管理部门在企业的经营管理中发生的，或者应当由企业统一负担的各项费用。管理费用属于期间费用，应在管理费用发生的当期计入当期损益。

项目 目标与要求

最终目标：能正确核算管理费用

促成目标：

- 熟练辨别管理费用内容
- 根据具体管理费用业务编制记账凭证
- 熟练登记管理费用相关账簿

项目 工作任务

- 判断是否属于管理费用
- 审核原始凭证
- 编制记账凭证
- 登记账簿

项目 任务书

项目模块	工作任务	课时
模块 1 熟练辨别管理费用内容	从企业的各项费用中分辨出管理费用	0.2
模块 2 管理费用账务处理	审核管理费用涉及的原始凭证并编制记账凭证、登记账簿	0.8

模块一　熟练辨别管理费用内容

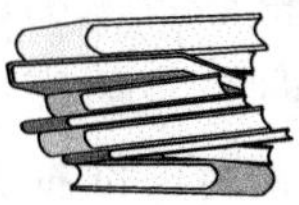

学习目标

能熟练辨别管理费用内容

工作任务

1. 掌握管理费用的内容
2. 从企业的各项费用中分辨出管理费用

【知识导入】

一、什么是管理费用

管理费用是指企业为组织和管理生产经营活动所发生的各种费用。

二、管理费用包括哪些内容

管理费用包括企业的董事会和行政管理部门在企业的经营管理中发生的，或者应当由企业统一负担的各项费用。具体包括以下几项：

1. 企业管理部门及职工方面的费用。①公司经费指直接在企业行政管理部门发生的行政管理部门职工工资、修理费、物料消耗、低值易耗品摊销、办公费和差旅费等。②工会经费指按职工工资总额的2%计提并拨交给工会使用的经费。③职工教育经费指按职工工资总额的2.5%计提，用于职工培训、学习的费用。④劳动保险费指企业支付离退休职工的退休金（包括按规定交纳地方统筹退休金）、价格补贴、医药费（包括支付离退休人员参加医疗保险的费用）、异地安家费、职工退职金、6个月以上病假人员工资、职工死亡丧葬补助费、抚恤费、按规定支付给离休人员的其他费用。⑤待业保险费指企业按规定交纳的待业保险基金。

2. 用于企业直接管理之外的费用。①董事会费指企业董事会或最高权力机构及其成员为执行职权而发生的各项费用，包括成员津贴、差旅费、会议费等。②咨询费指企业向有关咨询机构进行生产技术经营管理咨询所支付的费用或支付企业经济顾问、法律顾问、技术顾问的费用。③聘请中介机构费指企业聘请会计师事务所进行查账、验资、资产评估、清账等发生的费用。④诉讼费指企业向法院起诉或应诉而支付的费用。⑤税金指各企业按规定交纳的房产税、车船使用税、土地使用税、印花税等。⑥矿产资源补偿费指企业在中华人民共和国领域和管辖的其他海域开采矿产资源，按照主营业务收入的一定比例缴纳的矿产资源补偿费。

3. 提供生产技术条件的费用。①排污费指企业根据环保部门的规定交纳的排污费用。②绿化费指企业区域内零星绿化费用。③技术转让费指企业使用非专利技术而支付的费用。④研究与开发费指企业开发新产品、新技术所发生的新产品设计费、工艺规程制定资、设备调试费、原材料和半成品的试验费、技术图书资料费、未纳入国家计划的中间试验费、研究人员的工资、研究设备的折旧、与新产品、新技术研究有关的其他经费、委托其他单位进行的科研试制的费用以及试制失败损失等。⑤无形资产摊销指企业分期摊销的无形资产价值。包括专利权、商标权、著作权、土地使用权、非专利技术和商誉等的摊销。⑥企业生产、管理用固定资产发生的不满足资本化条件的修理费用。

4. 购销业务的应酬费。其中主要指业务招待费，即企业为业务经营的合理需要而支付的费用，这些费用应据实列入管理费用。

5. 其他费用其他管理费用。①企业在筹建期间发生的开办费包括筹建期人员工资、办公费、培训费、差旅费、印刷费、注册登记费以及不计入固定资产和无形资产购建成本的汇兑损益和利息支出。②存货盘亏和盘盈指企业存货盘点的盈亏、盘盈净额，但不包括应计入营业外支出的存货损失。

三、管理费用原始凭证举例

如图 5－1、图 5－2 所示。

存货盘点报告单

2012年 12 月 28 日

产品名称:甲产品

实存金额	账存金额	盘亏情况		备　注
		盘盈数	盘亏数	
40000.00	41600.00		1600.00	存货毁损原因:属计量误差造成
处理意见:批准作为管理费用处理。				

图 5－1

发料凭证汇总表

2012年8月29日　　金额单位：元

项目	原材料及主要材料			合计
	A材料	B材料	C材料	
生产甲产品耗用	4000.00	20000.00		24000.00
生产乙产品耗用	10000.00	6000.00		16000.00
车间一般耗用			5000.00	5000.00
行政管理部门耗用		4000.00		4000.00
专设销售机构耗用	1000.00			1000.00
合　　计	15000.00	30000.00	5000.00	

制单：张华

图5－2

【范例任务】

武汉东华办公设备公司2012年9月发生下列开支：付JO集团技术转让费8,000元；印花税80元；公司经费20,000元；管理部门折旧8,000元；车间折旧12,000元；专卖店业务费4,000元；产品宣传费5,000元；银行手续费79元；产品展览费1,000元；业务招待费用3,800元；研究费用2,600元。

要求：请确认上述经济业务中哪些属于管理费用。

【业务操作】

技术转让费8,000元；印花税80元；公司经费20,000元；管理部门折旧8,000元；业务招待费用3,800元；研究费用2,600元属于管理费用。

【活动任务】

武汉东华办公设备公司2012年11月发生下列开支：专设销售部门折旧6,000元；车间设备折旧8,000元；支付管理人员工资50,000元；业务招待费4,000元；产品宣传费5,000元；摊销借款利息1,000元；产品展览费1,000元。

要求：请确认上述经济业务中哪些属于管理费用。

模块二　管理费用账务处理

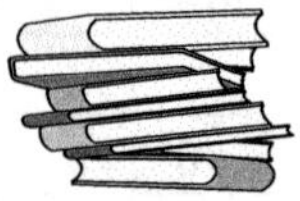

学习目标

能正确核算管理费用

工作任务

审核管理用涉及的原始凭证并编制记账凭证、登记账簿

【知识导入】

管理费用账户核算哪些内容

“管理费用”账户属于损益类账户，核算企业行政管理部门为组织和管理生产经营活动而发生的管理费用，包括工资和福利费、折旧费、工会经费、业务招待费、房产税、车船使用税、土地使用税、印花税、技术转让费、无形资产摊销、职工教育经费、劳动保险费、行业保险费、研究开发费等。

该账户借方记录企业发生的上述各项管理费用，贷方记录转入“本年利润”账户与本期收入配比的管理费用。经结转后，管理费用应按照费用项目设置明细分类账户进行明细分类核算。本账户期末无余额。

【范例任务】

武汉东华办公设备公司 2012 年 7 月 12 日办公室用现金购买办公用品 250 元，交来发票一张。

要求： 进行相关账务处理。

【业务流程】

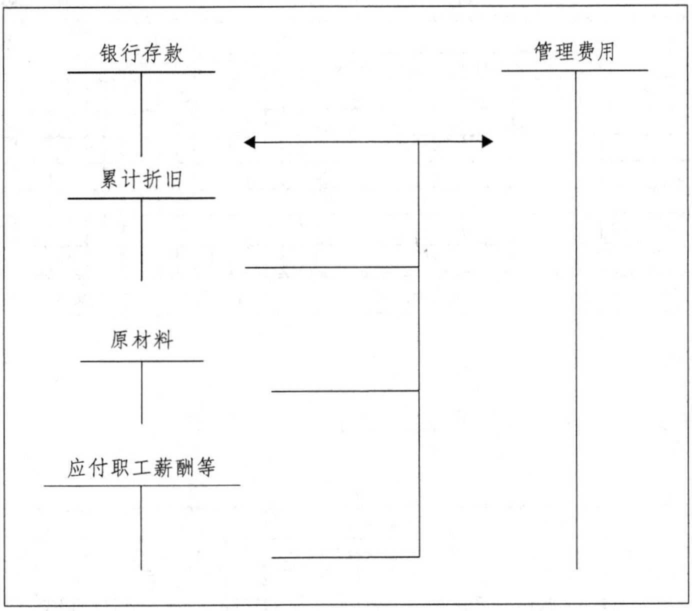

【业务操作】

1. 2012 年 7 月 12 日办公室交来发票一张（见图 5—3）。

湖北省商品销售统一发票

客户名称:武汉东华办公设备公司　　　　　　2012 年 7 月 12 日

品名规格	单位	数量	单价	金额						
				万	千	百	十	元	角	分
笔记本	本	20	10.00			2	0	0	0	0
墨　水	瓶	10	5.00				5	0	0	0
合　计					¥	2	5	0	0	0
合计金额（大写）贰佰伍拾元整										

第二联发票

武汉百货有限公司　发票专用章

填票人：刘月　　　　收款人：王丽　　　　单位名称（盖章）

图 5—3

2. 会计根据审核无误的发票编制记账凭证（见图 5—4）。

借：管理费用——办公费　　　　250

　　贷：库存现金　　　　250

记 账 凭 证

2012 年 7 月 12 日　　　　记字第 1 号

摘要	科目		借方金额											贷方金额											√
	总账科目	明细科目	亿	千	百	十	万	千	百	十	元	角	分	亿	千	百	十	万	千	百	十	元	角	分	
购买办公用品	管理费用	办公费							2	5	0	0	0												
	库存现金																			2	5	0	0	0	
合计																									

附件 1 张

会计主管：　记账：　出纳：刘莉　复核：周正　制单：王丽

图 5－4

3. 记账人员根据会计凭证登记现金日记账（见图 5—5）。

管理费用明细账

2012年		凭证		摘要	公司经费										业务招待费										其他										合计										√
月	日	种类	号数		千	百	十	万	千	百	十	元	角	分	千	百	十	万	千	百	十	元	角	分	千	百	十	万	千	百	十	元	角	分	千	百	十	万	千	百	十	元	角	分	
7	5	记	2	报销差旅费					1	7	0	0	0	0																									1	7	0	0	0	0	
7	12	记	4	购买办公用品						2	5	0	0	0																									1	9	5	0	0	0	

图 5－5

【活动任务】

7 月 1 日，武汉东华办公设备公司办公室主任张一准备去北京出差，到财务部门预支 2,000 元差旅费。7 月 5 日，张一出差回来，报销差旅费 1,700 元，退回 300 元现金。

要求：根据所给案例编制记账凭证并登记账簿。

1. 张一到财务部门领借支单（见图 5—6），填好后交部门负责人及公司负责人审批。

借 支 单

2012 年 7 月 1 日

借款部门	办公室	职别	主任	出差人姓名	张一
借款事由	出差预借差旅费				
借款金额人民币(大写)：	人民币贰仟元整				
部门负责人审批意见：	同意		公司负责人审批意见：		同意

收款人：张一

图 5－6

2. 出纳根据审核无误的借支单编制记账凭证（见图 5—7）。

借：其它应收款——张一　　　　2,000

　　贷：库存现金　　　　2,000

记　账　凭　证

2012 年 7 月 1 日　　　　记字第 1 号

摘　要	科目：总账科目	科目：明细科目	借方金额	贷方金额	√
预借差旅费	其它应收款	张一	200000		√
	库存现金			200000	√
合　计			200000	200000	

附件 1 张

会计主管：　记账：　出纳：刘莉　复核：周正　制单：王丽

图 5—7

3. 出纳根据会计凭证登记现金日记账，记账人员登记其它应收款明细账。

4. 张一出差回来报销差旅费，填制差旅费报销单（见图 5—8），并在单后面贴上收据或发票，给主管签名，进行实报实销，再经会计审核后，由出纳给予报销。

差 旅 费 报 销 单

2012 年 7 月 5 日　　　　单据张数 6 张

姓名	张一				部门		办公室	出差事由		开会		
起止日期				起止地点	火车费	市内车费	住宿费	途中伙食补助			住勤费		其他
月	日	月	日					标准	天数	金额	天数	金额	
7	2	7	4	武汉-北京	850.00	50.00	550.00	50.00	3.0	150.00	2.00	100.00	
合计					850.00	50.00	550.00	50.00	3.00	150.00	2.00	100.00	
人民币（大写）一仟柒佰元整							应退（补）：叁佰元整						

审核：　部门主管：　财务主管：

图 5—8

5. 会计人员根据审核无误的差旅费报销单编制记账凭证（见图 5—9）。

借：管理费用——差旅费　　　　1,700

　　库存现金　　　　300

　　贷：其他应收款——张一　　　　2,000

记 账 凭 证

2012 年 7 月 5 日　　　　记字第 2 号

摘要	总账科目	明细科目	借方金额（亿千百十万千百十元角分）	贷方金额（亿千百十万千百十元角分）	√
报销差旅费	管理费用	差旅费	170000		√
	库存现金		30000		√
	其他应收款	张一		200000	√
合计			200000	200000	

附件 8 张

会计主管：　　记账：　　出纳：刘莉　　复核：周正　　制单：王丽

图 5－9

6. 记账人员根据会计凭证登账（见图 5－10）。

管理费用明细账

2012年 月	日	凭证 种类	号数	摘要	公司经费（千百十万千百十元角分）	业务招待费（千百十万千百十元角分）	其他（千百十万千百十元角分）	合计（千百十万千百十元角分）	√
7	5	记	2	报销差旅费	170000			170000	

图 5－10

【业务训练】

1. 武汉东华办公设备公司为拓展业务发生业务招待费用 50,000 元，已签发支票支付。

要求：完成上述经济业务的会计处理。

2. 武汉东华办公设备公司就产品设计方案向有关专家咨询，以现金付咨询 5,000 元。

要求：完成上述经济业务的会计处理。

3. 武汉东华办公设备公司 2012 年 6 月发生下列经济业务：

（1）9 日，行政部门张某报销差旅费 1,200 元，用现金支付（原未预借款项）。

（2）用现金支付董事会成员津贴及咨询费 27,320 元。

（3）30 日，计提本月行政管理部门固定资产的折旧费 420 元。

（4）30 日，经批准将盘盈的原材料 250 元冲减管理费用。

（5）确认该月应缴纳的房产税 12,000 元，应交的车船使用税 6,200 元。

（6）用银行存款支付印花税 2,800 元。

（7）用银行存款支付车间本月水电费 2,080 元、办公费 430 元，行政管理部门本月水电费 1,260 元，办公费 1,090 元。

要求：根据上述业务编制通用记账凭证。

项目六　财务费用核算

财务费用是指企业为筹集生产经营所需资金等而发生的费用，属于期间费用，应在发生的当期计入损益。

项目 目标与要求

最终目标：

- 能正确核算财务费用

促成目标：

- 熟练辨别财务费用内容
- 熟练登记财务费用相关账簿
- 根据具体财务费用业务编制记账凭证

项目 工作任务

- 判断是否属于财务费用
- 审核原始凭证
- 编制记账凭证
- 登记账簿

项目 任务书

项目模块	工作任务	课时
模块 1 熟练辨别财务费用内容	从企业的各项费用中分辨出财务费用	0.2
模块 2 财务费用账务处理	审核财务费用涉及的原始凭证并编制记账凭证、登记账簿	0.8

模块一　熟练辨别财务费用内容

学习目标

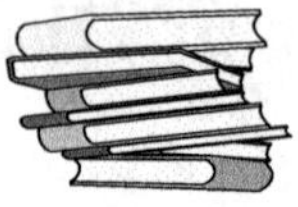

能熟练辨别财务费用内容

工作任务

1. 掌握财务费用的内容
2. 从企业的各项费用中分辨出财务费用

【知识导入】

一、什么是财务费用

财务费用是指企业为筹集生产经营所需资金等而发生的费用。

二、财务费用包括哪些内容

财务费用包括利息支出（减利息收入）、汇兑损失（减汇兑收益）以及相关的手续费等。其具体内容包括：

1. 利息支出指企业短期借款利息、长期借款利息、应付票据利息、票据贴现利息、应付债券利息、长期应付引进国外设备款利息等利息支出（除资本化的利息外）减去银行存款等的利息收入后的净额。

2. 汇兑损失指企业因向银行结售或购入外汇而产生的银行买入、卖出价与记账所采用的汇率之间的差额，以及月度（季度、年度）终了，各种外币账户的外币期末余额按照期末规定汇率折合的记账人民币金额与原账面人民币金额之间的差额等。

3. 相关的手续费指发行债券所需支付的手续费（需资本化的手续费除外）、开出汇票的银行手续费、调剂外汇手续费等，但不包括发行股票所支付的手续费等。

4. 其他财务费用如融资租入固定资产发生的融资租赁费用等。

三、财务费用原始凭证举例

财务费用原始凭证举例如图 6—1、图 6—2 所示。

中国工商银行 利息回单

2012 年 7 月 22日

收款单位	账 号	2482012021781	付款单位	账 号	2431521457811
	户 名	无锡市鑫鑫打印设备销售公司		户 名	工行永安里支行
	开户银行	工行永安里支行		开户银行	工行永安里支行
积数:		利率:1.33%		利息:485.00	

中国工商银行无锡支行
2012年7月31日
转讫

48201202 户第 2 季度利息

科 目______
对方科目______

复核员: 记账员:张明

此联出票人开户银行交给出票人的回单

图 6－1

借款利息提取计算表

2012年4月30日

借款种类	本金	年利率	金额	备注
短期借款	600000	8%	400	
长期借款	30000	12%	300	建造的固定资产已投入使用

图 6－2

【范例任务】

武汉东华办公设备公司 2012 年 9 月发生下列开支:付 JO 集团技术转让费 8,000 元;借款利息 60,080 元;销售过程中产品包装费用 2,000 元;专卖店业务费 4,000 元;产品宣传费 5,000 元;银行手续费 79 元;产品展览费 1,000 元。

要求:请列出哪些属于财务费用。

【业务操作】

借款利息 60,080 元;银行手续费 79 元属于财务费用。

【活动任务】

武汉东华办公设备公司 2012 年 11 月发生下列开支:专设销售部门折旧 6,000 元;车间设备折旧 8,000 元;支付管理人员工资 50,000 元;业务招待费 4,000 元;产品宣传费 5,000 元;摊销借款利息 1,000 元;产品展览费 1,000 元。

要求:请列出哪些属于财务费用。

模块二 财务费用账务处理

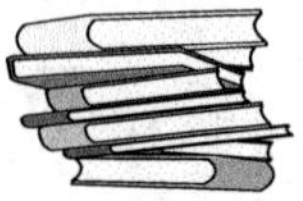

学习目标

1. 熟悉企业商品销售的业务流程
2. 熟悉销售商品并收回款项方式下涉及的原始凭证
3. 正确核算销售商品并收回款项方式下需编制的记账凭证
4. 正确核算销售商品并收回款项方式下需登记的账簿

工作任务

1. 辨别销售商品并收回款项方式下涉及的原始凭证
2. 编制销售商品并收回款项方式下的记账凭证
3. 登记有关的账簿

【知识导入】

财务费用账户核算哪些内容

财务费用是一个费用类账户，用于核算和反映企业为筹集生产经营所需资金等而发生的费用，包括利息支出（减利息收入）、汇兑损失（减汇兑收益）以及相关的手续费等。

其借方记录企业发生的上述各项财务费用或损失，贷方记录企业银行存款利息收入、因汇率变动产生的汇兑收益，借、贷方的差额转入“本年利润”账户。经结转后，本账户期末无余额。财务费用应按照费用项目设置明细分类账户进行明细分类核算。

【范例任务】

武汉东华办公设备公司月末企业计提短期借款利息，该短期借款于2012年7月1日从建设银行借入，本金100,000元，期限一年，年利率为6%，到期还本付息。

要求： 根据所给案例编制记账凭证并登记账簿。

【业务流程】

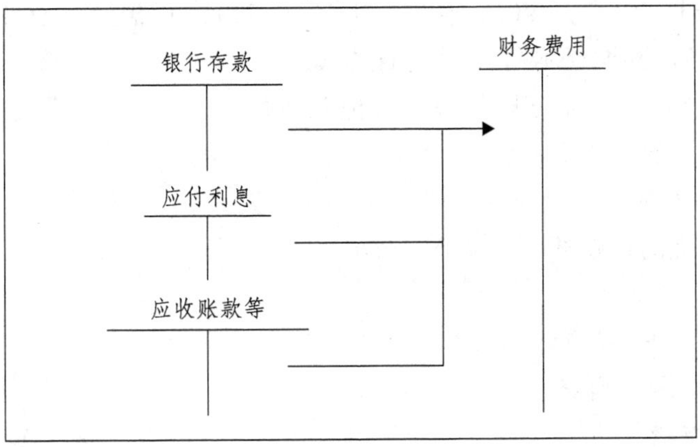

【业务操作】

1. 月末企业计提短期借款利息，该短期借款于2012年7月1日从工商银行借入，本金100,000元，期限一年，年利率为6%，到期还本付息。根据借款协议计提利息：100,000×6%/12＝500元。编制记账凭证，如图6－3所示。

借：财务费用——利息　　500

　贷：应付利息——工商银行　　500

记　账　凭　证

2012 年 7 月 31 日　　　　记字第 1 号

摘要	总账科目	明细科目	√	借方（千百十万千百十元角分）	贷方（千百十万千百十元角分）
计提短期借款利息	财务费用	利息		50000	
	应付利息	工商银行			50000
合　　计				￥50000	￥50000

附件 1 张

会计主管：　　记账：　　稽核：周正　　填制：王丽

图6－3

2. 根据上述记账凭证登记账簿（见图6－4）。

财务费用明细账

2012年 月	日	凭证 种类	号数	摘　要	利息支出（千百十万千百十元角分）	汇兑损失（千百十万千百十元角分）	其他（千百十万千百十元角分）	合计（千百十万千百十元角分）	√
7	31	记	1	计提利息	50000			50000	

图6－4

【活动任务】

2012 年 12 月 31 日，归还 2012 年 7 月 1 日从工商银行借入本金 100,000 元，期限 6 个月，年利率为 6%，到期还本付息的短期借款。

要求： 根据所给案例编制记账凭证并登记账簿。

1. 借款到期，计算本期利息。

100,000×6%÷12＝500 元

2. 编制还本付息的记账凭证（见图 6—5）。

借：财务费用——利息　　500

应付利息——工商银行　　2,500

短期借款——工商银行　　100,000

贷：银行存款　　103,000

记 账 凭 证

2012 年 12 月 31 日　　记字第35号

摘要	科目 总账科目	科目 明细科目	借方金额（亿千百十万千百十元角分）	贷方金额（亿千百十万千百十元角分）	√
归还短期借款	财务费用	利息	50000		√
	应付利息	工商银行	250000		√
	短期借款	工商银行	10000000		
	银行存款				
				10300000	
合计			10300000	10300000	

附件 2 张

会计主管：　记账：　出纳：刘莉　复核：周正　制单：王丽

图 6—5

3. 根据上述记账凭证登记账簿（见图 6—6）。

财务费用明细账

2012年 月	日	凭证 种类	号数	摘要	利息支出（千百十万千百十元角分）	汇兑损失（千百十万千百十元角分）	其他（千百十万千百十元角分）	合计（千百十万千百十元角分）	√
12	1							250000	
12	31	记	35	确认利息费用	50000			300000	

图 6—6

【业务精要】

按照《企业财务通则》和《工业企业财务制度》规定，企业行政管理部门组织和管理生产经营活动所发生的管理费用和财务费用，为销售和提供劳务而发生的产品销售费用应作为期间费用，直接计入当期损益。

企业下列支出，不得列入期间费用。

1. 为购置和建造固定资产、无形资产的支出。

2. 对外投资的支出。

3. 被罚没的财物，支付的滞纳金、违约金、赔偿金，以及企业的赞助、捐赠支出。

4. 国家法律、法规规定以外的各种什费。

5. 国家规定不得列入成本、费用的其他支出。

【业务拓展】

长期待摊费用的核算

长期待摊费用是指企业已经发生但应由本期和以后各期负担的分摊期限在一年以上的各项费用，如以经营租赁方式租入的固定资产发生的改良支出等，企业应设置“长期待摊费用”科目。本科目应按费用项目进行明细核算。

长期待摊费用的主要账务处理：

①企业发生的长期待摊费用，借记本科目，贷记“银行存款”、“原材料”等科目。②摊销长期待摊费用，借记“管理费用”、“销售费用”等科目，贷记本科目。本科目期末借方余额，反映企业尚未摊销完毕的长期待摊费用的摊余价值。

案例：2011 年 4 月 1 日，甲公司对其以经营租赁方式租入的办公楼进行装修，发生以下有关支出：领用生产用材料 500,000 元，购进该批原材料时支付的增值税进项税额为 85,000 元；有关人员工资等职工薪酬 615,000 元。2011 年 12 月 1 日，该办公楼装修完工，达到预定可使用状态并交付使用，并按租赁期 10 年开始进行摊销。假定不考虑其他因素，甲公司应作如下会计处理：

（1）装修领用原材料时：

借：长期待摊费用	585,000	
贷：原材料		500,000
应交税费——应交增值税（进项税额转出）	85,000	

（2）确认工程人员职工薪酬时：

借：长期待摊费用	615,000	
贷：应付职工薪酬		615,000

（3）2012 年摊销装修支出时：

（585,000＋615,000）/10/12＝10,000（元）

借：管理费用	10,000	
贷：长期待摊费用		10,000

【业务训练】

1. 武汉东华办公设备公司于 2012 年 1 月 1 日向工商银行借入 6 个月的周转借款

360,000元，年利率5%，到期后一次偿还本金，利息按月预提，每季末支付。

要求：完成有关利息支出的会计处理。

2. 收到银行通知，本季度银行存款利息456元已转入企业账户。

要求：完成上述经济业务的会计处理。

项目七　利润形成与分配核算

企业作为独立的经济实体，应当以自己的经营收入抵补其成本费用，并且实现盈利。企业盈利的大小在很大程度上反映企业生产经营的经济效益，表明企业在一定会计期间的最终经营成果。

企业年度决算后实现的利润总额，要在国家、企业的所有者和企业之间进行分配。利润分配关系着国家、企业、职工及所有者各方面的利益，是一项政策性较强的工作，必须严格按照国家的法规和制度执行。

项目 目标与要求

- 熟悉企业利润形成业务流程
- 正确核算利润形成业务
- 熟悉企业利润分配业务流程
- 正确核算利润分配业务

项目 工作任务

- 核算企业利润形成业务
- 核算利得和损失业务
- 编制所得税计提、结转的会计分录
- 计算本年利润、净利润
- 熟悉企业利润分配业务流程
- 编制利润分配业务记账凭证并登账

项目 任务书

项目模块	工作任务	课　时
模块 1：利润形成业务的核算	核算利得和损失	0.5
	期末结转损益类账户余额	0.5
	计算、结转所得税费用	0.5
	计算、核算本年利润、净利润	0.5
模块 2：利润分配的核算	核算利润分配（亏损弥补）	3
	计算可供分配利润和未分配利润	1

模块一　利润形成的核算

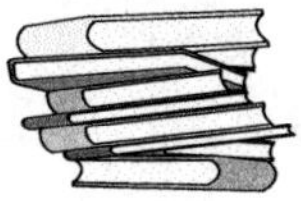

学习目标

1. 熟悉企业商品销售的业务流程
2. 熟悉销售商品并收回款项方式下涉及的原始凭证
3. 正确核算销售商品并收回款项方式下需编制的记账凭证
4. 正确核算销售商品并收回款项方式下需登记的账簿

工作任务

1. 辨别销售商品并收回款项方式下涉及的原始凭证
2. 编制销售商品并收回款项方式下的记账凭证
3. 登记有关的账簿

【知识导入】

利润是指企业在一定期间的经营成果。利润包括收入减去费用后的净额、直接计入当期利润的利得和损失等。

直接计入当期利润的利得和损失，是指应计入当期损益、会导致所有者权益发生增减变动的、与所有者投入资本或向所有者分配利润无关的利得或者损失。

一、利润的构成

（一）利润的概念

利润是指企业在一定会计期间的经营成果。利润包括收入减去费用后的净额、直接计入当期利润的利得和损失等。

（二）利润的计算

1. 利润总额

利润总额＝营业利润＋直接计入当期利润的利得－直接计入当期利润的损失

营业利润＝营业收入－营业成本－营业税金及附加－销售费用－管理费用－财务费用－资产减值损失±公允价值变动损益±投资收益

其中：营业收入包括企业的主营业务收入和其他业务收入，营业成本包括企业的主营业务成本和其他业务成本。

利得是指企业在非日常活动中形成的、会导致所有者权益增加的、与所有者投入资本无关的经济利益的总流入。

损失是指企业在非日常活动中形成的、会导致所有者权益减少的、与向所有者分配利润无关的经济利益的总流出。

利得和损失可分为直接计入当期利润的利得和损失以及直接计入所有者权益的利得和损失。

直接计入当期利润的利得（计入“营业外收入”）主要包括：非流动资产处置利得、非货币性资产交换利得、债务重组利得、政府补助、盘盈利得、捐赠利得、罚没利得等。

直接计入当期利润的损失（计入“营业外支出”）主要包括：非流动资产处置损失、非货币性资产交换损失、债务重组损失、捐赠支出、非常损失、盘亏损失、罚没支出等。

2. 净利润

净利润是企业利润总额减去所得税费用后的余额，即企业的税后利润。用公式表示如下：

净利润＝利润总额－所得税费用

所得税费用是指企业应计入当期损益的所得税费用。

二、利润形成业务设置的主要账户

为核算企业本年度内实现的净利润（或发生的净亏损），企业应设置“本年利润”科目。一个会计期间终了，企业应将各收益类科目的余额转入“本年利润”科目的贷方；将各成本费用类科目的余额转入“本年利润”科目的借方。

转账后，“本年利润”科目如为贷方余额，反映本年度自年初开始累计发生的净利润。如为借方余额，反映本年度自年初开始累计发生的净亏损。年度终了，应将“本年利润”科目的全部累计余额，转入“利润分配”科目。如为净利润，借记“本年利润”科目，贷记“利润分配”科目，如为净亏损，作相反会计分录。年度结账后，“本年利润”科目无余额。

【范例任务】

武汉东华办公设备公司2012年12月份损益类账户结转前余额如表7－1所示。

要求：核算该公司利润。

表7－1　**损益类账户余额表**

2012年12月31日　单位：万元

账户名称	借或贷	结账前余额	账户名称	借或贷	结账前余额
主营业务收入	贷	3,500	其他业务成本	借	5
主营业务成本	借	2,296	投资收益	贷	250
营业税金及附加	借	23	营业外收入	贷	230
销售费用	借	25	营业外支出	借	50
管理费用	借	100	公允价值变动损益	贷	20
财务费用	借	300	资产减值损失	借	10
其他业务收入	贷	9			

【业务流程】

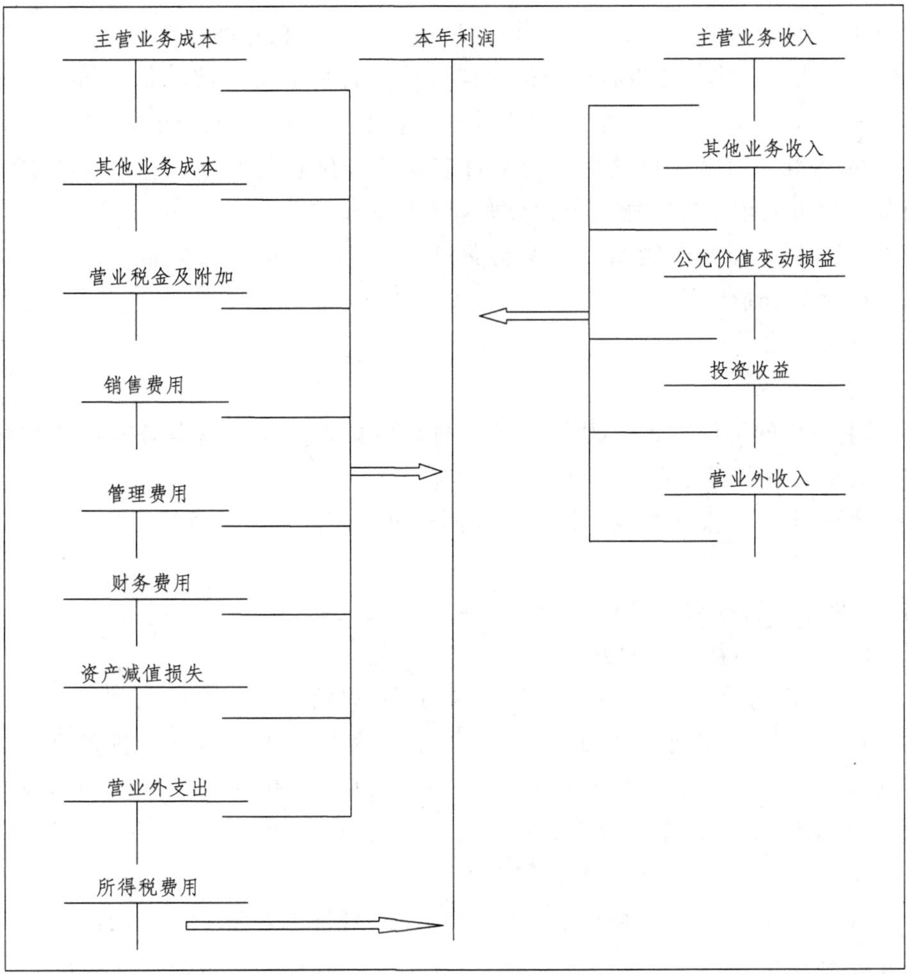

企业利润形成流程图

【业务操作】

任务 1： 核算利得和损失。

要求： 正确核算直接计入损益的利得和损失。

[例 7－1] 武汉东华办公设备公司与京开公司签订购销合同，因京开公司违约，2012 年 12 月 10 日，按合同规定收到其交来的罚款 9,000 元。

1. 收取现款、填开收据。企业根据合同条款和京开公司违约的情况，经负责人认定后确认罚款额度，2012 年 12 月 10 日出纳员收到现款，出具收据交京开公司记账联。

2. 收入费用利润核算人员根据收据记账联编制记账凭证，并将记账凭证报送财务部负责人稽核。以会计分录代替：

借：库存现金　　9,000

　　贷：营业外收入　　9,000

3. 根据稽核后的记账凭证，由收入费用利润核算人员登记营业外收入明细账，并由出纳员据以登记现金日记账。

4. 将记账凭证传送总账报表会计，由其据以进行相关总分类核算。

［例 7－2］ 武汉东华办公设备公司因延期缴纳上月份应交增值税，被市国税局处以交纳滞纳金 6,000 元，2012 年 12 月 12 日款项从存款账户划出，收到缴款通知单一份。

1. 收入费用利润核算人员会同涉税会计确认延期纳税的时间、金额，核实滞纳金数额，经财务部负责人审批后，通过出纳员办理滞纳金交款手续。

2. 根据审批后的滞纳金缴款单，编制支付税收滞纳金的记账凭证，并报送财务部负责人稽核。以会计分录代替：

借：营业外支出	*6,000*	
贷：银行存款		*6,000*

3. 根据稽核后的记账凭证，由收入费用利润核算人员登记营业外支出明细账，由出纳员据以登记银行存款日记账。

4. 将记账凭证传送总账报表会计，由其据以进行相关总分类核算。

任务 2： 期末结转损益类账户余额。

要求： 掌握期末损益结转的方法。

［例 7－3］ 武汉东华办公设备公司 2012 年 12 月末将主营业务收入 3,500 万元，公允价值变动损益 20 万元，其他业务收入 9 万元，营业外收入 230 万元，投资收益 250 万元转入本年利润。将主营业务成本 2,296 万元，营业税金及附加 23 万元，其他业务成本 5 万元，销售费用 25 万元，管理费用 100 万元，财务费用 300 万元，资产减值损失 10 万元，营业外支出 50 万元，所得税费用 375 万元转入本年利润。

1. 会计人员根据损益类账户的期末余额，填制记账凭证，以会计分录代替（单位：万元）：

借：主营业务收入	*3,500*	
其他业务收入	*9*	
公允价值变动损益	*20*	
营业外收入	*230*	
投资收益	*250*	
贷：本年利润		*4,009*
借：本年利润	*2,809*	
贷：主营业务成本		*2,296*
其他业务成本		*5*
营业税金及附加		*23*
销售费用		*25*
管理费用		*100*
财务费用		*300*
资产减值损失		*10*

营业外支出　　50

2. 将记账凭证提交会计主管稽核，审核后会计主管签章，据以记账。

3. 审核无误后的记账凭证交给会计登记相关明细账。

任务3：计算、结转所得税费用。

要求：能计算所得税费用并进行会计处理。

一、所得税会计的特点

所得税会计准则采用资产负债表债务法核算所得税。资产负债表债务法是从资产负债表出发，通过比较资产负债表上列示的资产、负债按照企业会计准则规定确定的账面价值与按照税法规定确定的计税基础，对于两者之间的差异区分应纳税暂时性差异与可抵扣暂时性差异，确认相关的递延所得税负债与递延所得税资产，并在此基础上确定每一会计期间利润表中的所得税费用。

二、所得税会计核算的一般程序

采用资产负债表债务法核算所得税的情况下，企业一般应于每一资产负债表日进行所得税的核算。计算过程如下：

1. 按照相关会计准则规定确定资产负债表中除递延所得税资产和递延所得税负债以外的其他资产和负债项目的账面价值。

2. 按照所得税准则中对资产和负债计税基础的确定方法，以适用的税收法规为基础，确定资产负债表中有关资产、负债项目的计税基础。

3. 比较资产、负债的账面价值与其计税基础，对于两者之间存在差异的，分析其性质，除准则中规定的特殊情况外，区分应纳税暂时性差异与可抵扣暂时性差异并乘以适用的所得税税率，确定资产负债表日递延所得税负债和递延所得税资产的应有余额，并与期初递延所得税负债和递延所得税资产的余额相比，确定当期应予以进一步确认的递延所得税负债和递延所得税资产金额或应予转销的金额，作为构成利润表中所得税费用的一个组成部分——递延所得税。

4. 按照适用的税法规定计算确定当期应纳税所得额，将应纳税所得额与适用的所得税税率计算的结果确认为当期应交所得税，作为利润表中应予确认的所得税费用的另外一个组成部分——当期所得税。

5. 确定利润表中的所得税费用。

所得税费用（或收益）＝当期所得税费用＋递延所得税费用（－递延所得税收益）。

三、会计处理

（一）账户设置

1. “所得税费用”账户：核算企业确认的应从当期利润总额中扣除的所得税费用。

借方登记：（1）按规定计算确定的本期应交所得税。（2）发生的递延所得税费用。

贷方登记：（1）发生的递延所得税收益。（2）期末，将该账户余额转入“本年利润”账户；按“当期所得税费用”、“递延所得税费用”设置明细账。

2.“递延所得税资产”账户：核算企业确认的可抵扣暂时性差异产生的递延所得税资产。

借方登记：企业确认及增加的递延所得税资产。

贷方登记：减少的递延所得税资产，期末借方余额表示企业确认的递延所得税资产。

3.“递延所得税负债”账户：核算企业确认的应纳税暂时性差异产生的递延所得税负债。

贷方登记：企业确认及增加的递延所得税负债。

借方登记：减少的递延所得税负债，期末贷方余额表示企业确认的递延所得税负债。

（二）核算方法

1. 资产负债表日，企业按照税法规定计算确定的当期应交所得税。

借：所得税费用——当期所得税费用

　　贷：应交税费——应交所得税

2. 本期应确认的递延所得税资产大于其账面余额的，应按其差额确认递延所得税资产。

借：递延所得税资产

　　贷：所得税费用——递延所得税费用

本期应确认的递延所得税资产小于其账面余额的差额，作相反的会计分录。

3. 本期应予确认的递延所得税负债大于其账面余额的，应按其差额确认递延所得税负债。

借：所得税费用——递延所得税费用

　　贷：递延所得税负债

应予确认的递延所得税负债小于其账面余额的，作相反的会计分录。

以上三个步骤可以合并在一个会计分录中。

借：所得税费用——当期所得税费用

　　　　　　　——递延所得税费用

　　　　　　　——递延所得税资产

　　贷：应交税费——应交所得税

　　　　递延所得税负债

［例7－4］武汉东华办公设备公司2012年度利润表中利润总额为1,200万元，该公司适用的所得税税率为25%。

2012年发生的有关交易和事项中，会计处理与税收处理存在的差别有：

1. 2012年1月2日开始计提折旧的一项固定资产，成本为600万元，使用年限为10年，净残值为零，会计处理按双倍余额递减法计提折旧，税收处理按直线法计提折旧。假定税法规定的使用年限及净残值与会计规定相同。

2. 向关联企业提供现金捐赠200万元。

3. 期末持有的交易性金融资产成本为300万元，公允价值为600万元。税法规定，资产在持有期间公允价值的变动不计入应纳税所得额。

4. 应付违反环保法规定罚款 100 万元。

5. 期末对持有的存货计提了 30 万元的存货跌价准备。存货账面值 800 万元。

本例题中不考虑中期报告，递延所得税资产和递延所得税负债账户没有余额。

一、2012 年度当期应交所得税

应纳税所得额＝1,200＋60＋200－300＋100＋30＝1,290（万元）

应交所得税＝1,290×25%＝322.5（万元）

二、2012 年度递延所得税

该公司 2012 年资产负债表相关项目金额及其计税基础如表 7－2 所示。

表 7－2　　单位：元

项　目	账面价值	计税基础	差异	
			应纳税暂时性差异	可抵扣暂时性差异
存货	8,000,000	8,300,000		300,000
固定资产：				
固定资产原价	6,000,000	6,000,000		
减：累计折旧	1,200,000	600,000		
减：固定资产减值准备	0	0		
固定资产账面价值	4,800,000	5,400,000		600,000
交易性金融资产	6,000,000	3,000,000	3,000,000	
其他应付款	1,000,000	1,000,000		
总计			3,000,000	900,000

递延所得税费用＝300×25%－90×25%＝52.5（万元）

三、利润表中应确认的所得税费用

所得税费用＝322.5＋52.5＝375（万元）

借：所得税费用——当期所得税　　322.5

　　　　　　——递延所得税　　52.5

　　递延所得税资产　　22.5

　　贷：应交税费——应交所得税　　322.5

　　　　递延所得税负债　　75

四、结转所得税费用账户余额：

借：本年利润　　375

贷：所得税费用 375

任务4：计算本年利润、净利润。

要求：能计算本年利润和净利润。

按照公式计算本年利润和净利润：

营业利润＝营业收入－营业成本－营业税金及附加－销售费用－管理费用－财务费用－资产减值损失±公允价值变动损益±投资收益

利润总额＝营业利润＋直接计入当期利润的利得－直接计入当期利润的损失

净利润＝利润总额－所得税费用

武汉东华办公设备公司本年数据计算如下：

营业利润＝（3,500＋9）－（2,296＋5）－23－25－100－300－10＋20＋250＝1,020（万元）

利润总额＝1,020＋230－50＝1,200（万元）

净利润＝1,200－375＝825（万元）

【业务指导】

1. 收入明细账账页格式应为多栏式明细账，按销售商品的类别设置各分析小栏。成本、费用明细账账页格式多为多栏式明细账，按销售商品的类别及费用种类设置各分析小栏。

2. 登记后，应在记账凭证各科目对应“√”栏打“√”以示过账，并在凭证下方“记账：”处签名或盖章。

3. 损益类账户多栏式明细账期末结转用红字。

【活动任务】

海天公司2012年度各损益类科目的年末结账前的累计余额为：属贷方余额的是主营业务收入820万元、其他业务收入90万元、营业外收入70万元；属借方余额的是主营业务成本500万元、营业税金及附加10万元、其他业务成本40万元、营业外支出25万元、管理费用82万元、销售费用60万元、财务费用30万元、投资收益18万元、所得税费用33万元。

要求：根据上述资料，完成相关会计处理。

（1）结转各收益类账户余额：

借：主营业务收入	820	
其他业务收入	90	
营业外收入	70	
贷：本年利润		980

（2）结转成本、费用类账户余额：

借：本年利润	798	

贷：主营业务成本 500
营业税金及附加 10
其他业务成本 40
管理费用 82
销售费用 60
财务费用 30
投资收益 18
营业外支出 25
所得税费用 33

（3）计算并结转本年净利润：

借：本年利润 182
贷：利润分配——未分配利润 182

【业务精要】

会计期末，应将各收益类科目的余额转入“本年利润”科目的贷方；将各成本费用类科目的余额转入“本年利润”科目的借方。年度终了，应将“本年利润”科目的全部累计余额转入“利润分配”科目。

【业务训练】

1. 某企业2012年末有关账户余额如表7—3所示（单位：万元）。

表7—3

主营业务收入（贷方）	5,000
其他业务收入（贷方）	200
营业外收入（贷方）	40
投资收益（贷方）	30
公允价值变动损益（借方）	15
主营业务成本（借方）	2,800
其他业务成本（借方）	100
营业税金及附加（借方）	50
销售费用（借方）	30
管理费用（借方）	120
财务费用（借方）	25
资产减值损失（借方）	60

营业外支出　　　（借方）	70

本企业所得税率为25%，无纳税暂时性差异。

要求：

(1) 将有关账户余额结转"本年利润"账户。

(2) 计算企业的营业利润、利润总额、所得税费用、净利润并结转有关账项。

(3) 做出相关账务处理。

2. 甲企业2008年12月31日购入设备一台，原价42,000元，预计净残值为2,000元，会计上采用平均年限法计提折旧，折旧年限为4年、税法规定折旧年限为2年，采用平均年限法计提折旧。假设其他因素不变，甲企业每年实现的税前会计利润均为200,000元，无其他纳税调整事项，适用的所得税税率为25%。

要求： 做出甲企业2008—2012年所得税费用的相关会计处理。

模块二　利润分配的核算

学习目标

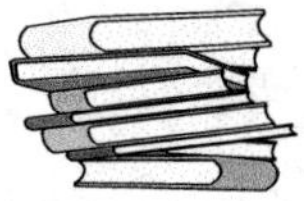

1. 熟悉企业利润分配（亏损弥补）的业务流程
2. 熟悉盈余公积的种类和用途
3. 核算利润分配（亏损弥补）业务
4. 熟悉可供分配利润和未分配利润

工作任务

1. 核算利润分配（亏损弥补），编制记账凭证、登账
2. 计算可供分配利润和未分配利润

【知识导入】

利润分配是指企业根据国家有关规定和企业章程、投资者协议等，对企业当年可供分配利润所进行的分配。

一、利润分配的一般程序

1. 弥补企业以前年度亏损。企业以前年度的亏损，用当年税前利润弥补，但用税前利润弥补的期限最长不得超过5年；5年内不足弥补的，改用企业的税后利润弥补。企业以前年度亏损未弥补完前，不得提取法定盈余公积金。在提取法定盈余公积金前，不得向投资者分配利润。

2. 提取法定盈余公积金。法定盈余公积金根据本年实现净利润（扣除前一项），按照公司法规定10%的比例提取。法定盈余公积累计额达注册资本50%以上的，可不再提取。

3. 支付优先股股利。

4. 提取任意盈余公积。

5. 支付普通股股利（或向投资者分配利润）。

二、利润分配业务设置的主要账户

企业应设置“利润分配”账户，核算企业利润的分配（或亏损的弥补）和历年分配（或弥补）后的积存余额。该账户应当分别“提取法定盈余公积”、“提取任意盈余公积”、“应付现金股利或利润”、“转作股本的股利”、“盈余公积补亏”和“未分配利润”等进行明细核算。

外商投资企业还应分别“提取储备基金”、“提取企业发展基金”、“提取职工奖励及福利基金”进行明细核算。

【范例任务】

武汉东华办公设备公司2012年获得净利润825万元，董事会决定分别按当年净利润的10%、5%、15%计算提取法定盈余公积、任意盈余公积、向股东分配现金股利。

要求：做出相关账务处理。

【业务流程】

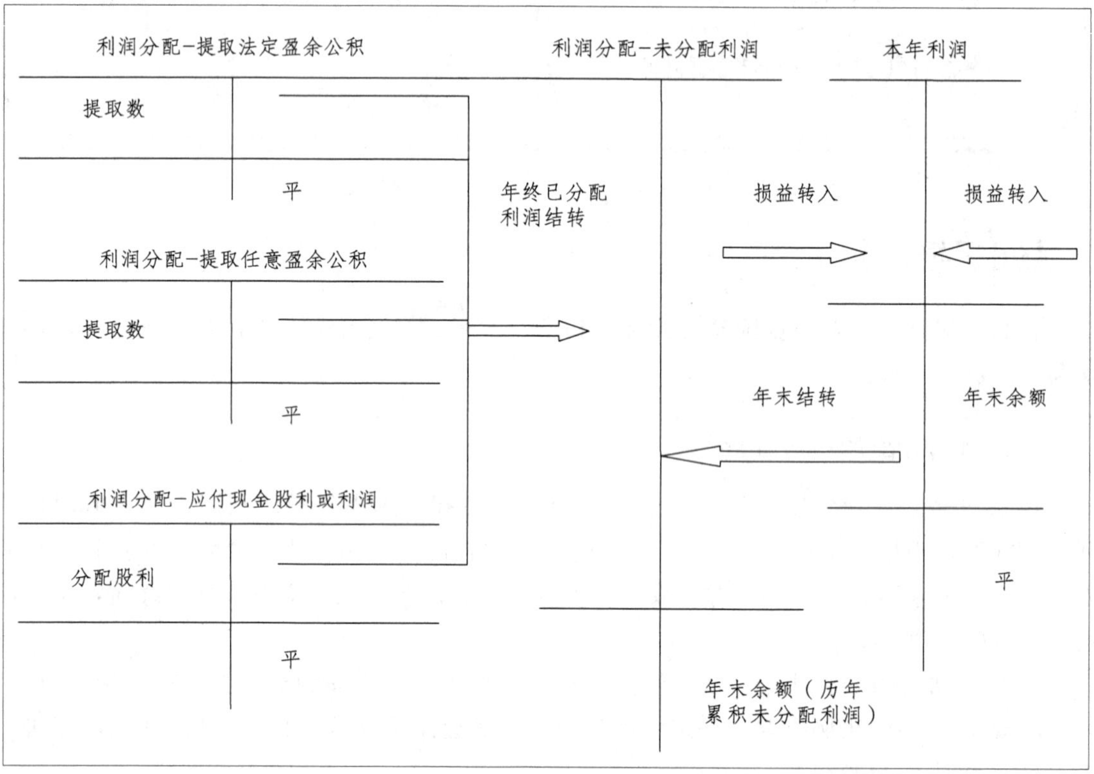

以盈利为例利润分配流程图

【业务操作】

任务1：核算利润分配（亏损弥补）。

要求：能正确进行利润分配和亏损弥补的核算。

［**例7－5**］武汉东华办公设备公司2012年获得净利润825万元，董事会决定分别按当年净利润的10%、5%、15%计算提取法定盈余公积、任意盈余公积、向股东分配现金股利，做出相关账务处理。

1. 会计人员根据本年利润账户的期末余额，填制记账凭证（会计分录代替）。

（1）武汉东华办公设备公司 2012 年 12 月末将本年利润 825 万元转入利润分配。

借：本年利润　　8,250,000

　　贷：利润分配一未分配利润　　8,250,000

（2）提取法定盈余公积、宣告发放现金股利。

借：利润分配——提取法定盈余公积　　825,000

　　　　　　——提取任意盈余公积　　412,500

　　　　　　——应付现金股利　　1,237,500

　　贷：盈余公积——法定盈余公积　　825,000

　　　　　　　——任意盈余公积　　412,500

　　　　　　　——应付股利　　1,237,500

（3）将利润分配账户其他明细账的余额转至利润分配——未分配利润明细账。

　　借：利润分配——未分配利润　　2,475,000

　　　贷：利润分配——提取法定盈余公积　　825,000

　　　　　　　　——提取任意盈余公积　　412,500

　　　　　　　　——应付现金股利　　1,237,500

2. 将记账凭证提交会计主管稽核，审核后会计主管签章，据以记账。

3. 将审核无误后的记账凭证交给会计登记相关明细账。

任务 2：计算可供分配利润和未分配利润。

要求：能正确计算可供分配利润和未分配利润。

结转后，未分配利润账户期初余额加上本期转入额为可供分配利润，如果“未分配利润”明细科目的余额在贷方，表示累计未分配的利润；如果余额在借方，则表示累积未弥补的亏损。

在［例 7—5］中，假定武汉东华办公设备公司“利润分配——未分配利润”明细科目的期初余额为贷方 100 万元。

可供分配利润为＝100＋825＝925（万元）

期末未分配利润＝可供分配利润 925－提取法定盈余公积 82.5－提取任意盈余公积 41.25－支付现金股利 123.75＝677.5 万元

即为武汉东华办公设备公司本年年末的累计未分配利润。

【业务指导】

1. 登记后，应在记账凭证各科目对应“√”栏打“√”以示过账，并在凭证下方“记账”处签名或盖章。

2. 年度终了，企业应将“本年利润”账户余额转入“利润分配—未分配利润”账户；同时，还应将“利润分配”账户下的其他明细账户的余额转入“利润分配—未分配利润”账户。

【活动任务】

长江公司2012年初未分配利润为0，2012年实现净利润6,000,000元，本年提取法定盈余公积600,000元，宣告发放现金股利1,000,000元。假定不考虑其他因素，长江股份有限公司会计处理如下：

（1）结转本年利润：

借：本年利润　　6,000,000

　　贷：利润分配——未分配利润　　6,000,000

（2）提取法定盈余公积、宣告发放现金股利：

借：利润分配——提取法定盈余公积　　600,000

　　　　　　——应付现金股利　　1,000,000

　　贷：盈余公积——法定盈余公积　　600,000

　　　　　　——应付股利　　1,000,000

同时：

借：利润分配——未分配利润　　1,600,000

　　贷：利润分配——提取法定盈余公积　　600,000

　　　　　　——应付现金股利　　61,000,000

【业务训练】

1. 江河公司2012年有关损益类科目的年末余额如表7－4所示（该企业年末一次结转损益类科目，所得税税率为25%）。

表7－4

科目名称	结账前余额
主营业务收入	6,000,000元（贷）
其他业务收入	700,000元（贷）
公允价值变动损益	150,000元（贷）
投资收益	600,000元（贷）
营业外收入	50,000元（贷）
主营业务成本	4,000,000元（借）
其他业务成本	400,000元（借）
营业税金及附加	80,000元（借）
销售费用	500,000元（借）
管理费用	770,000元（借）
财务费用	200,000元（借）
资产减值损失	100,000元（借）
营业外支出	250,000元（借）

要求：请进行相关账务处理。

（1）将各损益类科目年末余额结转入“本年利润”科目。

（2）假设将税前会计利润进行纳税调整后，应纳税所得额为1,000,000元。

（3）假定将该应交所得税按照会计准则进行调整后计算确认的所得税费用为380,000元，且差额全部为递延所得税负债。

（4）董事会决定分别按当年净利润的10%、5%、15%计算提取法定盈余公积、任意盈余公积、向股东分配现金股利。